幸福的灵魂
——从内在真正幸福起来

高艺秦◎著

你幸福吗?
幸福到底是什么?
你想学习幸福的方法吗?

中国商业出版社

图书在版编目（CIP）数据

幸福的灵魂：从内在真正幸福起来 / 高艺秦著．--北京：中国商业出版社，2019.3

　　ISBN 978－7－5208－0691－6

　　Ⅰ.①幸…　Ⅱ.①高…　Ⅲ.①幸福—通俗读物　Ⅳ.①B82－49

中国版本图书馆 CIP 数据核字（2019）第 031986 号

责任编辑：黄世嘉

中国商业出版社出版发行
010－63180647　www.c_cbook.com
（100053　北京广安门内报国寺 1 号）
新华书店经销
三河市天润建兴印务有限公司印刷
＊
710 毫米×1000 毫米　1/16 开　17 印张　250 千字
2019 年 3 月第 1 版　2019 年 3 月第 1 次印刷
定价：49.80 元
＊＊＊＊
（如有印装质量问题可更换）

    2001年我来到北京,开始从事心灵教练、培训师的工作,至今已经整整17年。17年的时间,我做过近万场培训,见过的学员连自己也数不清。

    在做培训的这十几年里,我与很多人进行过深谈,并且常常会在深谈之后陷入沉思,我们每个人都在寻找幸福,但幸福到底是什么?我们要怎样才幸福?

    生活在这个时代,大多数人活得并不轻松。每天早上一睁眼就想到要还房贷;拼了命才挤上的公交车却堵在路上;想要好好寻找自己的爱情却遭遇千里之外父母的逼婚;想要赚取人生的第一桶金却亏得血本无归;准备事业有成时好好孝敬父母,不曾想父母可能转眼离世……这些生活中本该美好的东西,由于现实的诸多因素,常常让我们痛苦不已。遭遇的不幸、职场的不公、命运的多舛、生活的无奈……无时无刻不在影响着我们的幸福感。

    作为一个普通人,我也曾遭遇过诸多不幸——母亲的离世、被人骗走了十几年的积蓄、婚姻走到终点……但值得庆幸的是,我从这些不幸中走了出来,并重新找回了幸福、快乐的自己。

    在感慨之余,我做出了一个重要的决定:写一本关于幸福的书,把我这十几年的所见所闻所想,更重要的是,把我对幸福之道的研究和理念分享给有缘的朋友,实现我小时候的梦想。

    决定写书时,我原本认为我能够很好地进行写作,于是五年前,我开始了第一次真正意义上的写作。然而,在具体写作的时候,我不知道该如何对故事进行处理,也不知道如何驾驭文字。我就像一个刚学会开车的驾驶者,在初学了驾车技术后,以为可以驰骋万里,结果却举步维艰。于是,我开始了长达5年的漫长的学习生涯,我想等时机成熟之时,再将笔紧紧握在自己的手里。

    在学习写书的过程中,我阅读了大量国外的心理学书籍和我国一些修道者、其他培训师写的关于幸福的书籍。由此，我发现了一个问题：很多传授幸福之道的书籍在教人如何获取幸福时，总是强调"放下""要知足"等观念，但我有不同的意思。

举个很简单的例子，我的母亲在几年前去世，那时的我痛苦至极，无法面对妈妈突然离开的现实，眼泪忍不住地流。这是生我、养育我，我最爱的妈妈，我如何"放下"？我痛快地哭了一场，发泄了心里对妈妈满满的爱，然后调整自己学着接受妈妈离开的现实，我的心理变得越来越强大，我换了一个角度，理解为妈妈换一种方式来爱我，这种力量非常强大，我用这种力量去鼓励自己和陪伴家人，陪我最爱的爸爸一起享受接下来的日子，我庆幸我触摸到了真正的幸福之道。

另外，还有一种说法：只要努力，就能成功。我认为这种说法有时会误导我们。我们看到了通过努力获得成功的人，但是努力过，最后失败的人可能更多，也许后者只是不想跟大家分享自己的故事而已。

这些恰恰反映出在我们的教育结构中，忽略了一个重要的环节——如何接受失败。

"只要努力，就能成功"还有一层意思，就是我们做什么事都能成功。换句话说，失败的概率是可以降低的，一个人失败就是因为他不够努力。在这种逻辑下，失败仿佛成了一件不可饶恕的事情。但现实是，失败是常态，成功才是偶然。

一个人不断追求成功，并且正确面对失败，才能获得幸福。拒绝失败，逃避失败，其实就是拒绝进步，逃避自己。

除此之外，还有的观点劝大家"不要在乎钱""有钱不一定幸福"……对于这一点，我有不同的观点。在如今社会，没有钱做依托，谈何生存的尊严？当我们去面试时，不敢跟老板提钱，那么可能拿到的只有少量工资，却要做几个人的工作。所以，我们基于自己付出的劳动合理谈钱为何不能理直气壮？想赚钱又有什么不妥？

在经济社会里，什么能给人带来安全感？我想有一个答案可能大家都不会否认，那就是钱。没有钱，我们无法养家糊口，父母生病时也只能无可奈何地干着急……这时，又何谈幸福。所以，我想说的是，没有钱不一定会不幸福，但有钱确实会幸福一些。我不想告诉大家要"不在乎钱""视金钱如粪土"，我要教给大家的是对金钱有正确的认识以及如何通过理财、建立正确的消费观来让自己获得财富的方法。

当然,我这样说,并非完全否定"放下""要知足""只要努力,就能成功"这些幸福理念。其实,大部分相关书籍的出发点是好的,也想给人们带去一些正能量,让我们对未来充满希望。在我人生遭遇困境时,我也看过几本类似书籍以获取生活的信心。

问题是,我通过这么多年对"幸福之道"的研究发现,如果我们长期受到"放下""要知足""只要努力,就能成功"理念的影响,就会进入一个奇怪的状态——间歇性踌躇满志,持续性混吃等死。意思就是说我们每天看起来非常有信心、充满正能量,却缺乏分析问题和真正解决问题的能力。

所以,我对这些书给出的评语是:它们能让我们瞬间获取信心,但过后则一切回归原样。我觉得是时候写点东西,把大家从自我麻痹的状态中拉回来了。

我通过五年的时间让自己沉淀了下来。如今,我想是时候开始我的写作了。在写作期间,我经历了很多困难,每一次都会经过无数次心理挣扎。这本书,如果我的经历能帮到更多的有缘人,就是我最想看到的结果。

在本书里,我从实际出发,告诉大家寻找幸福的具体方法。比如,我会以自己理财的经验,告诉大家如何根除贫穷、建立正确的消费观、学习正确的理财方法;我会提倡积极的"折腾",而不是盲目努力自己无法做到的事,追求够不着的东西;我会告诉大家如何做踮起脚尖能够得着的规划,因为够得着的幸福才是你的;再比如,我更愿意传授给大家正确的努力方法……

我的书里,没有枯燥无味的说教,所有的故事都是自己和学员的亲身经历,他们有我的朋友闺密,有正在找工作的大学生,也有身家亿万的企业家……但不管怎样,我想通过这些具有代表性的事例,让大家有所悟、有所思、有所想,最终有所得。

总之,只要你翻开这本书,就会发现这跟你以往读到的任何一本幸福类的书籍不一样。在这本书里,我会直击痛点,比如我会对"成功学"进行分析,词句犀利,针砭时弊,告诉你真正成功的样子……我所希望的是,我的这些幸福之道理念能切实帮助到你,让你明白幸福真正的模样。这就是我写这本书的初衷,也是想要达到的目的。

我想,任何一个写书之人,都想在写书的同时,展现自己的世界,把自己的经历呈现给读者，引发灵魂的共鸣，给予他人启发。在这本书里，我提供了我看幸福的另一个角度，如果能引起你的共鸣和感悟，我会很满足。

笔及之处，斗胆欢谈。愿大家在我的故事里，看到自己的影子，找到幸福的方式。

最后，我愿把本书献给所有追寻幸福的人。

目录

前言 ………………………………………………………………… 1

第 1 章　你需要醒悟的——不是你不幸福，而是你根本不知道什么是幸福 ……………………………………………………… 8

　　幸福是什么？对于这个问题的答案，即使再权威的哲学家也无法给出一个准确的答案，我也不例外。作为一名心灵教练，我不会劝你要"放下"、要"知足"。我会直接用一些最真实的数据和实践活动，向你践行"不是你不幸福，而是你根本不知道什么是幸福"这个理念。漫漫人生路，我们披荆斩棘，乘风破浪，但我们始终达不到幸福的彼岸，这是为什么？因为一开始，我们就跑错了航线。

01. 幸福指数，靠谱吗 …………………………………………… 3
02. 你为什么不幸福？因为你根本不知道什么是幸福 ………… 7
03. "成功学"，是毒素最高的现代毒药 ……………………… 10
04. 房子≠幸福，年轻人不要沦为房奴 ………………………… 14
05. 感觉不幸福，一半源于生活，一半来自攀比 ……………… 16
06. 幸福的方程式——效用/欲望＝幸福 ……………………… 21
07. 没有钱做依托，请问谈何生存的尊严 ……………………… 24

第 2 章　你需要享受的——生活不只是眼前的苟且，还有诗和远方 ………… 29

　　对于生活的幸福之道，有很多鸡汤文都在告诉我们"只要努力，就能幸福"，我却不敢苟同。我认为生活的幸福之道，用一句很流行的话说就是——生活不只是眼前的苟且，还有诗和远方。对于这句话，我的理解是：不完全地否定现在，也不放弃对未知的追求。这才是真正的"不只是眼前的苟且"，才是真正该有的幸福。

01. 请放下手中的"毒汤文",莫让"精神麻醉剂"害了你 …… 31
02. 生活不只是眼前的苟且,还有诗和远方 …………… 35
03. 自己赚的是应得,别人给的是惊喜 ………………… 38
04. 道理我都懂,为何还是过不好这一生 ……………… 41
05. 房子是租来的,但生活不是 ………………………… 44
06. 你还生活在"伪幸福"中吗 ………………………… 47

第3章 你需要警惕的——你所做的让你远离了你所深爱的一切,这是最大的惩罚 …………………………………………… 51

在我从事心灵教练、教人自我维护、研究幸福之道的过程中,家庭幸福一直是我研究的重中之重。家庭的范围很广,我把亲情、爱情、婚姻都归在家庭之类。我们绝大多数人追求幸福的目的就是让父母、爱人、孩子过上幸福的生活。但是,在追求的过程中,忽略最多的往往就是家人。本节,我将结合当前家庭里最容易出现的几大问题进行分析,向大家传授家庭幸福之道,告诉大家如何获得一个幸福家庭。

01. 天下最不能等待的事情,莫过于孝敬父母 ………… 53
02. 缝缝补补的爱也能照见幸福 ………………………… 59
03. 为了孩子不离婚,你一定幸福吗 …………………… 63
04. 先爱自己,才能更好地去爱别人 …………………… 67
05. 不想真分手,就不要拿离婚来玩火 ………………… 71
06. 低质量的婚姻,不如高质量的单身 ………………… 74

第4章 你需要学习的——做人能不能少点套路,多点真诚 …………… 79

关于做人,我的幸福之道是:为人处世,我们可以留一点心眼,这无可厚非。但我们不能处处都是心机套路。很多人把世界想得很复杂,其实,这个世界很简单,复杂的只是你的内心。所以,怀着真诚的心做人,就是对这个世界、对自己最大的尊重。

01. 我们能不能少点套路,多点真诚 …………………… 81
02. 发朋友圈的时候,请不要浪费别人关注的时间 …… 85
03. 百般算计不如一颗单纯的心 ………………………… 88

04. 小孩子才分对错，成人只看利弊 …………………………………… 92
05. 人可以死在自己的梦里，但不能死在别人的嘴里 …………… 94
06. 说话的分寸，就是做人的尺寸 …………………………………… 96

第5章　你需要修炼的——世界上所有的烦恼，都是自找的 …………… 101

　　烦恼已经成为现代人的通病。但是，让我感到啼笑皆非的是，如果说困境、失败让我们感到烦恼，尚且值得同情。但事实并非如此，我发现大多数人的烦恼是自我制造的。本节我将会传授一些消除烦恼、拥有积极情绪的幸福之道，不管是真的烦恼，还是自找的烦恼，请及早试着去改变。我不会像传统的心灵老师那样一味劝你放下、学会知足……我告诉你的是一些行之有效，并且人人都能做到的幸福之道，而你需要做的就是马上行动起来。

01. 别到处抱怨，没有人愿意听到负能量 …………………………… 103
02. 清除焦虑，摆脱情绪的恶性循环 ………………………………… 106
03. 嘘，我要和心灵说说悄悄话 ……………………………………… 109
04. 养成运动的好习惯 ………………………………………………… 113
05. 痛快地哭，大声地笑 ……………………………………………… 116
06. 说话的时候改变关键性字眼 ……………………………………… 119

第6章　你需要领悟的——走出困境，人生就是碧海蓝天，赢在挫折后 …………………………………………………………… 123

　　古语说"天无绝人之路"，所谓"绝境"往往是来源于一个人心灵上的绝望，产生于一个人主观意识中的自我否定。其实，在一定条件下，只要还有"走出来"的信心，看似走投无路的绝境就会慢慢发生转变。走出绝境，更需要心灵不失坚定的信念，不自我放弃、不自我否定。一个放弃自己的人，就会被命运之网束缚，而一个敢于向绝境挑战的人，才有可能守得云开见月明。

01. 怀才不遇，你真的怀揣才华吗 …………………………………… 125
02. 每个人都会遇上酷刑般的苦难生活 ……………………………… 128
03. 乐观之心更易好运，悲戚之心常遇困阻 ………………………… 132
04. 乞求他人的怜悯，不如让自己强大起来 ………………………… 136

第 7 章 你需要做到的——不抱怨的职场，改变个人命运的积极正能量 ··· 139

在职场里，抱怨就像空气一样无处不在——抱怨公司薪酬福利、抱怨上司的刁难、抱怨同事的不合作……这么多的抱怨非但不能改变现状，反而让我们陷入职业倦怠期。身处职场，我们努力工作和不断进取，除了获取好的职业成就和物质生活外，更重要的是，我们需要寻找属于自己的职业幸福感、自我满足感，这才是对我们努力工作最高的回报，这才是改变个人命运的积极正能量。

01. 职场上，哪有什么"稳定" ···································· 141
02. 如何做职业规划 ·· 145
03. 职场遭遇小人，要撕吗 ······································ 148
04. 人与人之间，营造"感觉"比兜售"能力"更重要 ········ 152
05. 你欠缺的，恰恰是专业以外的能力 ························ 156
06. 为什么你总是不知道自己喜欢什么 ······················· 160
07. 全线凑合状态的解药是专注、专注、再专注 ············ 163

第 8 章 你需要清楚的——比起不明就里的努力，正确的方法更重要 ··· 169

如今很多幸福书籍都在宣扬"努力"，好像只要我们努力就一定会成功。然而，事实并非如此，我们大多数只是普通人，就算非常努力也不一定会成功。所以，比起不明就里的努力，我更愿意传授给大家正确的努力的方法，让大家用正确的方法去努力，并坦然地接受失败，这才是真正的幸福之道。

01. 比起不明就里的努力，正确的方法更重要 ··············· 171
02. 希望你的努力像自己发的朋友圈一样，持续、积极 ···· 175
03. 明明拼脸就能赢，为什么还要去拼才华 ·················· 178
04. 控制大脑中"白日梦"的数量 ······························ 182
05. 要怎样努力才能让梦想落地 ································ 185
06. 有三件事比努力更重要 ······································ 188

目 录

第 9 章 你需要知道的——财富的简易获得法，有钱了幸福确实会多一些 ·· 193

对于金钱和幸福之间的关系，很多培训师都宣传"有钱不一定会幸福"。但这样的理念却起不到一点儿作用。金钱对我们每个人都很重要，虽然金钱不一定会让我们幸福，但有了它幸福确实会多一些。在我长期实践和推行自我维护、财丁两旺的过程中，我根据获得财富规律的实际经验，整理出来财富的简易获得法，我期盼能对所有渴望致富的人们有所帮助。

01. 摆脱贫穷的 6 大妙方 ·· 195
02. 慈善的不是钱，是心 ·· 199
03. 我们需要建立怎样的消费观 ······································· 202
04. 再穷也要与富人站在一起 ··· 207
05. 没有理财，即使拥有博士学位，也难以摆脱贫穷 ············ 210

第 10 章 你需要意识的——相处的艺术，让人际关系提升你的幸福感 ·· 213

我们生活在社会群体里，必然要和各种各样的人打交道，如何在看似简单实则复杂的人际关系中游刃有余，一直是我研究幸福之道的重要课题。毕竟人际关系的好与坏、优与劣，不仅是我们生活的需要，也是工作成效的重要影响因素。很幸福的人有很好的人际关系，反之，糟糕的人际关系会使人更不幸福。本节，我就来介绍一些融洽人际关系的方法，让你懂得相处的艺术，借助人际关系提升你的幸福感。

01. 人们所乐意接受和尊敬的是那些谦逊的人 ····················· 215
02. 即使再忙碌，也要花时间沟通情感 ······························ 219
03. 绑架你的，从来不是朋友圈 ······································· 224
04. 人脉要先整理后运用，通过 6 个人可以认识任何人 ········· 227
05. 人际交往规则：保持你的人际距离 ······························ 231
06. 别人帮是情分，不帮是本分 ······································· 234

第 11 章　你需要努力的——做踮起脚尖能够得着的规划，够得着的幸福才是你的 ………………………………………… 239

人痛苦的根源往往来源于"求而不得"。我们的能力有限，却要追求能力之外的东西，自然常常会失败。我提倡积极的"折腾"，而不是做自己无法做得到的事，追求够不着的东西。人生一世，需要做踮起脚尖能够得着的规划，因为，够得着的幸福才是你的。

01. 下一个五年你的生活会是什么样 ……………………………… 241
02. 人生没有设计，你离挨饿只有三天 …………………………… 245
03. 那些你不能走的"人生捷径" …………………………………… 249
04. 若自己放弃，全世界都无能为力 ……………………………… 253
05. 不在低端的决定上浪费过多的脑力 …………………………… 256

第1章

你需要醒悟的——不是你不幸福，而是你根本不知道什么是幸福

　　幸福是什么？对于这个问题的答案，即使再权威的哲学家也无法给出一个准确的答案，我也不例外。作为一名心灵教练，我不会劝你要"放下"、要"知足"。我会直接用一些最真实的数据和实践活动，向你践行"不是你不幸福，而是你根本不知道什么是幸福"这个理念。漫漫人生路，我们披荆斩棘，乘风破浪，但我们始终达不到幸福的彼岸，这是为什么？因为一开始，我们就跑错了航线。

01. 幸福指数，靠谱吗

高老师的幸福解析

英国"新经济基金会"成立于 1986 年，这个基金会大家也许并不熟悉，但是说到"幸福指数"大家一定不陌生。2006 年，这个基金会建立了一套评价标准，这个标准的评价结果就叫作"幸福指数"。当时，这个"幸福指数"一经公布，就引起了全世界的广泛关注。

2006 年，英国新经济基金对全球 178 个国家和地区进行了一次"幸福指数"评价，评价结果为：太平洋岛国瓦努阿图第一，哥伦比亚第二，哥斯达黎加第三，多米尼加第四，巴拿马第五。

为了更好地让大家查看这个评价的具体情况，我作出"2006 年全球幸福指数排行表"，如表 1 所示。

表1　　　　2006 年全球"幸福指数"排行表

亚洲		欧美发达国家		幸福指数垫底国家	
排名	国家（地区）	排名	国家（地区）	排名	国家（地区）
12	越南	55	瑞士	174	乌克兰
17	菲律宾	64	冰岛	175	刚果
23	印度尼西亚	66	意大利	176	布隆迪
31	中国	70	荷兰	177	斯威士兰
32	泰国	81	德国	178	津巴布韦
44	马来西亚	87	西班牙		
88	中国香港	99	丹麦		
95	日本	108	英国		

续　表

亚洲		欧美发达国家		幸福指数垫底国家	
96	中国台湾	111	加拿大		
131	新加坡	115	挪威		
		119	瑞典		
		123	芬兰		
		129	法国		
		150	美国		
		172	俄罗斯		

看完这个"幸福指数"排行表，也许有人会说："金钱买不到幸福。"

那么，英国"新经济基金会"是怎么计算"幸福指数"的呢？他们主要参考以下三个参数：

第一，人均寿命；

第二，环保成效；

第三，生活满意度。

很显然，GDP并没有在参考参数之列。同样，一些民主、自由等政治因素也不在参考之列。所以，从计算结果来看，工业化程度越高的国家，幸福指数越低，或者恰好相反。

比如，2006年"幸福指数"最高的瓦努阿图，人口将近20万。瓦努阿图人民的生活主要以家庭为中心，大家对物质生活的要求不高，每个人都很和善。除了台风等一些自然灾害，人们基本上什么都不担心。瓦努阿图没有新潮的电子产品，如果按照GDP排名，瓦努阿图就要垫底了。

十年后，这个基金会再次公布了最新的全球"幸福指数"排行榜，但是这一次，调查对象变少了。2006年是178个国家和地区，2016年比2006年少了35个国家和地区。这一次屏蔽把人口较少的国家排除在外，比如三年前的"幸福冠军"瓦努阿图。这一次参加评比的143个国家和地区人口占全球人口总数的99%。三年前排名第三的哥斯达黎加，该年度排名第一，成为全球"最幸福"的国家。第143名垫底的，仍然是津巴布韦。

表 2　　　　　　　　2016 年全球"幸福指数"排行表

亚洲		欧美发达国家		幸福指数垫底国家	
排名	国家（地区）	排名	国家（地区）	排名	国家（地区）
5	越南	43	荷兰	128	科威特（亚洲）
14	菲律宾	51	德国	143	津巴布韦
16	印度尼西亚	52	瑞士		
17	不丹	53	瑞典		
19	老挝	57	奥地利		
20	中国	59	芬兰		
22	斯里兰卡	64	比利时		
24	巴基斯坦	69	意大利		
26	约旦	71	法国		
31	孟加拉国	74	英国		
33	马来西亚	76	西班牙		
35	印度	88	挪威		
41	泰国	89	加拿大		
49	新加坡	94	冰岛		
68	韩国	98	葡萄牙		
77	日本	102	澳大利亚		
79	伊拉克	103	新西兰		
80	柬埔寨	105	丹麦		
81	伊朗	108	俄罗斯		
84	中国香港	114	美国		
106	蒙古				

　　从这次的"幸福指数"统计的结果可以看出，中美洲和亚洲国家的排名比较靠前，欧美国家居中或靠后，非洲国家几乎垫底。在一个区域的国家或地区，比如亚洲，工业化程度越落后，幸福指数越高。这样的结果说明什么？

　　十年间的两次评选结果都表明："有钱不等于幸福，工业化程度高不等于幸福"。人们对这个排名作出解释的时候，还有一个观点，现如今，环保话题的热度十分高,这种与环保相关的"幸福观"似乎变得更加突出。

就拿美国来说,十年前排名150位,十年后排名114位,虽然名次有进步,但还是垫底。但是美国好像丝毫不关心,依然我行我素。

所以,英国"新经济基金会"的这一统计结果只是少数人的标准,至少,像美国这样的国家,是不会在意的。就连起源地英国也一样,英国十年前排名108位,十年后排名74位,排名都不是很理想,但是,谁见过英国人想摆脱这个"不幸的苦海",移民去全世界最幸福的瓦努阿图。

我认为,这个"幸福指数"排行榜,要从以下几个方面来看。

第一,"新经济基金会"刻意把GDP排除在评价标准之外,这个想法是对的。但是,这种脱离GDP而建立的"幸福观"并不完全准确。另外,新的评价标准也有问题。比如寿命,长寿确实可以作为幸福的衡量标准之一,但是,我们设想一下,当整个社会都在严重老龄化,那长寿带给我们的幸福感还剩多少?

第二,把人与自然的和谐关系作为衡量幸福的标准值是无可厚非的,这一点值得肯定。

第三,其实这个"幸福指数"的评价方式还不够科学,只是某些西方人走极端的一个表现。这种思维和卢梭当年把原始人当成最幸福、最纯洁的人一样,是一种想象的产物。卢梭羡慕原始人,但是卢梭并没有把自己变成原始人,这又是为什么呢?

第四,人们对于"幸福"的感受是多种多样的,有物质的,有精神的。英国的"新经济基金会"提出的幸福要素实在是太片面了,所以不能作为评价的标准。况且,仅凭几个数字就判定一个国家的人民是否幸福,听起来就像一个玩笑。

第五,西方人利用这样一个片面的"幸福指数",告诉那些经济欠发达的地区"虽然你们落后,但你们幸福啊",不就是说"你们这么幸福,就别发展经济了,保护好自然生态就行了",这种行为是不是太不厚道了。

第六,让全世界遵照同一个幸福标准,从理论上说,是可行的。但是,从西方文明的特征来说,让他们回答"什么才是真正的幸福""什么才是共同的幸福"这些问题,也许他们也不知道怎么回答。按照排名结果,越南人最幸福,但是越南人可不这么想,他们还觉得英国人最幸福呢。所以,西方人按照自己的观念解释世界,世界未必接受。

因此,当我看到英国人的这个"幸福指数"并且自己身处的国家排名还很靠前时,我并没有扬扬得意。不管怎么说,幸福和物质生活是分不开的。正确的处理办法是不要过分关注物质生活,也不要彻底抛弃物质生活,真正的幸福是来自各个层面的。我们还要知道,西方人的标准并不完全正确,如果什么都按照西方人的标准来,世界也许会陷入混乱。

02. 你为什么不幸福?因为你根本不知道什么是幸福

☀ 高老师的幸福解析

什么是幸福?

我看到微博上有过这么一个有趣的问答。幸福就是"猫吃鱼,狗吃肉,奥特曼打小怪兽"。在电影《求求你表扬我》里,范伟有这么一句台词:"幸福就是我饿了,看别人手里拿个肉包子,那他就比我幸福;我冷了,看别人穿了一件厚棉袄,他就比我幸福;我想上茅房,就一个坑,你蹲那了,你就比我幸福。"听完你一定觉得好笑,觉得编剧太幽默了,但回头细细一想,还真是这样。

过去,人们对于幸福没有那么多要求,在长辈们那个时代,不愁吃穿、有稳定收入、子女平安就是幸福。但如今,不知道是因为生活水平提高了,还是人们欲望变多了,幸福仿佛离我们越来越远。

我一个叫陈强的朋友在一家世界500强公司工作,工作稳定,收入可观,在北京打拼的这几年里买了车、买了房、还成了家。按道理说,他应该非常幸福了。但是他还是经常愁眉苦脸,他始终不明白自己每天这么忙碌是在忙什么，幸福好像离他越来越远。他记得小时候，周末和小伙伴儿一起去踢球就很幸福；上学时，经常和朋友一起出去旅行也很幸福，但如今这种幸福已经悄然远去了。

现在，像这样缺乏幸福感的现象越来越多。实际上，中国经济的飞速增长，并没有保证国民的幸福感同时增长。美国"盖洛普世界民意调查"在2005—2015年间，访问了155个国家和地区的数千名民众，访问的主要问题有"有没有规律的作息时间""有没有定期做体检""有没有休闲活动"等。访问结果显示，中国大陆位列125位，中国香港位列81位。

事实上，不仅中国人幸福感在远离，幸福仿佛已经不再眷顾我们这个星球了。

据统计，美国抑郁症的患病率比20世纪60年代高出10倍，抑郁症的发病年龄也降低到了14.5岁。1957年，英国有五成以上的人表示自己很幸福，到了2015年，只剩下不到四成。但在这段时间，英国国民平均收入提高了13倍。

这是为什么呢？难道金钱和幸福就如鱼和熊掌一样，不可兼得吗？导致人们不幸福的原因有很多，主要还是源自我们内心。

哈佛大学曾经做过一项调查，发现大多数人正面临普遍的心理健康危机。调查称，过去的一年中，有80%的人，至少有过一次感到沮丧、消沉。47%的人，至少有过一次因为太沮丧而无法正常做事的经历，10%的人称他们曾经考虑过自杀……

图1　幸福加油站

社会上这样的现象太多了，心理压力渐渐吞噬我们的健康，因为人们对健康的定义已经不局限于身体没有病灾。于是，我们一次次地问自己：我到

第1章
你需要醒悟的——不是你不幸福，而是你根本不知道什么是幸福

底为什么来到这个世界，我为什么不幸福？

也许，看完下面这个故事，你会有所感悟。这也是我经常在课堂上向学生分享的故事。

从前，有一个年轻人到处寻找幸福，但遇到的总是烦恼和忧愁。他极其失望，觉得这个世界没有真正的幸福，他打算放弃，沮丧地踏上了归途。在路上，他遇到了一个垂钓的老人，老人看起来怡然自得。

年轻人走上前去问老人："老先生，请问您幸福吗？"

老先生答："我很幸福啊。"

年轻人追问："为什么呢？"

"因为我远离红尘，岸边垂钓，无欲无求，我在享受我的生活。"老人笑着回答。年轻人还是不明白，老人继续说："你不妨去拜访一下苏格拉底，也许你会找到答案。"

过了几天，年轻人找到苏格拉底，问他："我在寻找幸福，却一直遇到痛苦，想得到幸福就这么难吗？"

苏格拉底说："年轻人，你能帮我个忙吗？帮我造一条船。"年轻人不太明白苏格拉底的用意，但他还是答应了。他找来工具，花了两个多月的时间，锯倒大树，凿空树干，造出了一条独木舟。

看着自己的劳动成果，虽然很累，但年轻人感到很开心，他似乎已经忘了自己正在寻找幸福。第二天，年轻人把船推到江里并请来了苏格拉底，苏格拉底看到年轻人的成果非常满意。他们一起坐上船，一边划船，一边唱歌。

这时，苏格拉底问年轻人："你现在幸福快乐吗？"

年轻人高兴地说："我非常快乐！"

苏格拉底接着问："那你找到你想要的答案了吗？"

年轻人恍然大悟："原来我苦苦追寻的幸福，就蕴藏在劳动创造中，在劳动中，我不知不觉就获得了幸福。"

最后，苏格拉底说："其实，幸福不需要刻意寻找，它就在我们身边。只要我们认真生活，有追求地去做一件事情，那么幸福就会紧随其后。"这时，年轻人才明白了垂钓老人的话，领悟到了幸福的真谛。

☀ 高老师的幸福之道

我们以为有钱就是成功，有权就是快乐，其实我们只是贪图那一时的愉快，以至于最后迷失了自己，不知道什么是真正的幸福了。漫漫人生路，我们披荆斩棘，乘风破浪，但始终达不到幸福的彼岸，这是为什么？因为一开始，我们就跑错了航线。

03. "成功学"，是毒素最高的现代毒药

☀ 高老师的幸福解析

2007年8月的一天，我在《新周刊》看到了一篇文章，这篇文章的题目叫作《有一种毒药叫成功》，说的是当今社会"成功学"大行其道，文章词句犀利，针砭时弊，我很喜欢这篇文章，它与我的幸福之道理念相似。

"成功学"最早起源于美国，最开始是以"励志"为主题的。事实上，这种"成功学"是从教会中分支出来的。那时候，成功学的讲师都是神父、牧师，主要讲一些看似真理却圆滑的教义，再添油加醋，把芝麻夸大成西瓜，后来逐渐发展为"成功学"。

令人惊讶的是，这样的理论把学员日后的作为都归结于"成功学"。如果学员日后成功，那都是"成功学"的功劳；如果失败，那就是没好好听课。在我看来，这样的"成功学"真正成功的人只有一个，那就是赚大钱的"成功学"讲师。

为什么在美国社会，大家对成功充满了向往。有的研究者说，现在社会的自由度高了，反而使人失去了思想的主心骨。对此，心理学家埃里希·弗罗姆先生是这样解释的：

第1章
你需要醒悟的——不是你不幸福，而是你根本不知道什么是幸福

"现代人总渴望'逃避自由'，成功便成为一种新的精神鸦片，为空虚盲目的人生，涂抹一点虚假的意义。"

对于埃里希·弗罗姆先生的解释，我个人深表赞同。

什么是成功？关于这个问题，从来没有标准答案。但是现在的人对成功的欲望越来越强烈，渐渐对"成功"作出了一些定义。比如有车有房、月入过万、成为高管、创业成功当老板等。用这些具体的事情，把成功形象化。对金钱的渴望，对地位的渴望，在"成功学"出现后更强烈。

所谓"成功学"大多鼓吹人生只有成功和失败两种结果。甚至宣称，凡是学习过"成功学"的人，都能够成功，就像只有信奉上帝才能得救一样。在这里，我想说的是，如果我不把成功的标准只是归于房子、车子、钱、地位，那么，也许我们更容易接受"人人都能成功"的说法。

事实是，如今的成功，已经变成了一个个具体的数字、一件件具体的事情，按照这个标准，这个社会到底有多少人能成功？

宗教里的教义是"人人平等"，但是这些讲师们却歪化成"人人成功"；宗教的灵魂讲师摇身一变成为"心灵鸡汤大厨"，一锅锅迷人的"成功鸡汤"让大家神魂颠倒；宗教的善恶对立被化作成功和失败的势不两立，水火不容。甚至有的还升级为自由与专制、独裁与民主的对立，升级为政治概念。在"成功学"理论中，仿佛"不成功"是一种罪过，如果每个人的人生只有成功和失败两种结果，那也太简单了。

图2　梦中的所谓"成功"

在这样的"成功学"的大肆宣扬下，我经常看到这样一种现象：很多人为了追求成功，变成了没有感情、只知道达到目的的机器。

📎 情景再现

我曾经看到这样一位年轻人，当他工作不顺利时，他没有冷静地思考自己的问题，而是阅读了大量所谓的"成功学"书籍，然后几乎狂热般地、坚定地认为自己一定会成功。于是，他不听我的劝阻，毅然辞职去创业。

本来年轻人创业也并非坏事，可他一没有资金，二没有项目，三没有特长，四没有人脉，甚至连创业从哪里开始都不知道。于是，他每天到处跑来跑去，一会儿去向别人借钱，一会儿又劝别人和他一起创业；一会儿想做外贸，一会儿又想做电商……

一年过去了，当我再次在街头遇到他时，他颓废地站在那里。看见我，他对我说起了他的近况——借的钱全部用完了，他仍然没有找到创业的门路，女朋友也离开了他，现在连生活都成问题。

于是我对他说："以你的文凭找一份工作不难，为何不先找一份工作，积累一些资本再创业呢？"

他摇了摇头说："上班何时才能有钱？不要紧，我相信我能成功。"

看他落魄成如今的样子，依然还坚信自己一定能"成功"，我就知道他已经中了"成功学"的毒。我知道我再说下去也没有任何意义，于是拍了拍他的肩膀走了。

本来，年轻人创业是一件值得鼓励的事，但"成功学"却把它包装成"只要创业，就能成功"，这是一个和我们三观背道而驰的世界：有钱才能自由，要想有钱，先要放弃自由。成功，已经把人变成了金钱的奴隶。

我经常听人们说现代社会有三种毒药，分别是消费主义、性自由和成功。而在我看来，只有一种毒药，而且毒性最强，那就是"成功"。只要中了"成功学"的毒，必然也会中另外两种毒。因此，"成功学"是毒素最高的现代毒药。

☀ 高老师的幸福之道

"成功学"之所以大行其道，也从侧面证实了教育有缺陷，过多地重视应试能力，而忽略了素质教育，以至于人们不知道该如何面对失败，只能听信成功学家的话。"成功学"火热的另一个原因是人们对金钱的渴望，但是，有钱就算成功吗？

成功的方式有很多种，成功也不是人生唯一的目标。但是有的人却把成功当成唯一目标，如果有人中了"成功学"的毒，那就像吸食罂粟一样，会上瘾。

我们如何避免中"成功学"的毒，我也没有准确的方法教给大家。在这里，只能给大家讲一个《晏子春秋》里关于"成功学"的故事，或许会给大家一些启迪。

一个名叫梁丘的人十分钦佩晏子的才智和学识，对晏子说："我怕是到死都不会跟先生一样有才华了。"晏子立刻抓紧机会给梁丘上了一堂"成功学"的速成课。晏子说："为者常成，行者常至。"这句话的意思就是，努力做事情的人，往往能做成事，不倦前行的人常常能够到达目的地。

对于晏子的这句话，我非常认同。对此，我总结出三个成功的标准，这也是我倡导的成功的幸福之道。

第一，成功没有绝对的目标，没有那么庸俗的标准。"为者"可以"为"各种事，"行者"可以"行"各条路。

第二，不歧视失败者，失败了还可以走别的路。

第三，成功没有绝对性，有可能成功也有可能失败。

也许你会觉得这样说有些狡猾，"常"的可能性较大是多大？五成？八成？还是百分之百？现在的成功学只会找一些真假难辨的案例，让你听得云里雾里。但是，晏子的成功学，简单易懂，那是一种成熟的人生智慧。

最后，我想把晏子故事的原文摘录给大家，希望你能用心感悟。

梁丘据谓晏子曰："吾至死不及夫子矣！"晏子曰："婴闻之，为者常成，行者常至。婴非有异于人也，常为而不置，常行而不休者。故难及也？"

——摘录于《晏子春秋》

04. 房子 ≠ 幸福，年轻人不要沦为房奴

☀ 高老师的幸福解析和情景再现

我们已经不是山顶洞人，随便找个洞穴就能生活；我们也不是原住民，怀揣着找一片空地就能造房子的绝技。因此，能有一个属于自己的温馨小家，成了大多数人的愿望。但是，商业社会和金融资本利用人们这个普通的愿望，构筑了一个越来越遥远的住房梦。人们也因为消费引导，心甘情愿地掉入房贷的坑，成为"房奴"。

前年，我在给一个企业做培训时，一位年轻的学员想买房，下课时特意过来向我咨询意见，我就跟他聊了聊。我的主要观点就是即便做房奴，也不要做年轻的房奴。什么是年轻的房奴呢？就是那些工作时间不长、没什么收入、没有支付房价的能力，还要向银行借钱的年轻人。

说到这里，我先给大家算一算年轻人买房的好处。

买了房子，我们就能成立一个家庭；有了房子，也许房子能升值，也是一笔固定财产；有了房子，就有了安全感。

算完了好处，我再来说说坏处。

第一，无忧无虑、没有压力的日子不复存在，每天都要精打细算；第二，提升自己的机会少了，因为学习要花钱，买资料要花钱，这又是一笔支出；第三，轻松自在的心情没有了；第四，再也不能随心所欲了，做事要三思，就算对工作麻木，想想高额的房贷，也不敢轻易辞职了；第五，世界那么大，只能想想了……

年轻人做房奴最重要的不是透支金钱，而是透支了自己的未来。本来，买房子的这笔钱可以拿来做其他的投资获得收益，但是做了房奴，这种可能

图 3　房贷的压力

性就变小了。如果没有房贷的压力，我们可以接受更多的挑战，换一个工作说不定能闯出另一片天空；如果没有房贷的压力，我们可以出国留学，或者报一个自己喜欢的兴趣班，掌握许多新技能；如果没有房贷的压力，我们可以好好地孝顺父母，带他们出去旅行……

因此，对于那些把房子作为幸福之本的年轻人，我想说的是不要过早地成为房奴，要先把精力放在提升自己、寻找最适合的个人发展方向上。等有了一定的经济基础，再考虑买房。

孔子说："三十而立。"这里的"立"，我觉得不是成家立业，而是变得成熟，明白自己想要什么，明确自己人生的奋斗方向。在此之前，最好不要做房奴。

高老师的幸福之道

很多时候，我们买房子是害怕现在不买以后房价又涨了。但是，早早贷款买房，得到的很可能只是无法兑现的有限增值，失去的可能是你的潜力，还有最宝贵的自由。因为你可能被一套房子束缚住了。

适当的透支是允许的，但是透支过度只会让人喘不过气，甚至危及生命。怎样判断是否透支过度，取决于我们的经济能力。

比如，让一个孩子提一桶水上楼，显然超出了他的承受能力。如果等孩子长大，也许提两桶水都不在话下。

张爱玲说出名要趁早，但我想说，当房奴千万别趁早！

05. 感觉不幸福，一半源于生活，一半来自攀比

开篇小谈

我曾经在课堂上邀请学员和我一起讨论什么是幸福，结果学员们给出的最多的看法，是这段电影台词："我饿了，看见别人手里拿个肉包子，他就比我幸福；我冷了，看见别人穿了件厚棉袄，他就比我幸福；我想上茅房，就一个坑，你蹲那了，你就比我幸福。"

可见，很多人把幸福建立在和别人的比较之上。

关于国人对幸福的感受，我跟身边许多朋友沟通后发现，他们普遍感到自己最幸福的时光反而是在那些贫瘠的岁月中。对此，英国经济学家米香在《经济增长的代价》一书中指出：经济增长尽管提高了个体的绝对收入水平，但却由于相对收入水平的比较而使人们感到不幸福。

现在很多人有房有车，解决了衣食住行的基本需求。但是由于贫富差距的悬殊，比较的压力、嫉妒的心理，还有对生活的抱怨反而加重了我们的烦恼，让我们感到焦虑不堪。

中国有很多关于比较的俗话，比如"不比不知道，一比吓一跳""人比人、气死人"等，就是说当我们不与他人比较时，我们自己可能没有感觉到不幸福，但是只要一比较，我们的心态就会发生变化。

这种比较在生活中随处可见，小到一日三餐、服饰着装、游玩娱乐，大到工作收入、房车爱人、孩子父母等。同时，这种比较又极其漫长，它将贯穿我们的一生，每个人生阶段都有可以比较的内容，比出身、比学习、比工作、比爱人、比家庭、比孩子、比身体，甚至进入暮年，我们的墓地都要分

出三六九等。

现在的同学会、同乡会、战友会，无论哪种聚会，都可以见到攀比、吹牛和炫富。这种比较常常让我们感到不安、伤心、难过。

我们之所以感觉痛苦，是因为社会财富的构成是金字塔状的，社会90%的财富掌握在10%的富翁手中。于是，很多金字塔底的人就会产生不平衡心理、攀比心理，从而导致幸福感下降。

情景再现

我有一个朋友，是一名中学老师，原本他过着清雅自乐的幸福生活。可是自他参加完一次同学聚会，见到几名富翁同学后，他开始担忧起自己的现状和未来，原本平静安宁的生活随之被打破了。

这几名富翁同学当年在学校毫不起眼，无论才情、相貌都不如我的朋友，但是没想到他们毕业后经过多番奋斗，有的做房地产、有的做园林绿化、有的开公司，总之都成了身家过亿的富翁，在一线城市定居。

看看自己，一年的收入还不够在一线城市买一平方米的房产。于是他感到绝望，心理开始失衡："他们凭什么就可以赚到这么多钱？我各方面都很优秀，却与他们不是一个世界的人。他们现在拥有的财富就算我奋斗几辈子都没办法拥有！我的人生方向是不是走错了？"就这样，在比较中，比出了怨恨，比出了忧愁，比出了烦恼，原本感觉幸福的生活也开始变了味道。

高老师的幸福解析

最近几年风靡的朋友圈中，很多人喜欢晒旅游照、晒美食、晒幸福，本来只是想通过朋友圈向好友们传递快乐、分享美好。殊不知却让围观的好友伤了心，因为有的人会拿别人的拥有和自己的缺失来比较，原本幸福的生活就会因为攀比变得不那么幸福了。

当有人指责晒幸福的人是嘚瑟的时候，其实他的心理已经失衡。别人晒幸福、晒美好，可能只是为了通过分享获得朋友的认可和赞同，发朋友圈的人没有错，错的是带着攀比心看世界的我们。

图 4 攀比心理

为了帮助大家走出攀比心理，重新找回幸福感，也为了帮助更多的人获得幸福，我对人们的攀比心理进行了研究，发现人之所以会产生攀比心理，主要源于以下两大原因。

攀比心理原因一：我行不行，由你说了算。

生活是否幸福，本来取决于自己内心的感受。但是很多人却将别人的眼光作为幸福与否的评判标准。比如，我们用的手机是不是苹果最新款；我们的腕表是不是浪琴或劳力士；我们的汽车是不是奔驰或宝马；我们的职位有没有升迁……

因为无法自我确定和自我肯定，所以只好用别人的眼光来肯定自己，所以即便生活超出我们的支付和承受能力，也要打肿脸充胖子，硬着头皮上。

攀比心理原因二：嫉妒，你不可以比我强。

社会心理学对嫉妒心理的解释是，一旦人们感受到他人优越于自己，未来自己可能处于劣势时，就会产生嫉妒。嫉妒其实是一种排他和占强心理，也就是说我们受不了别人比我们强，特别是原本处于同一水平线的人比我们强，一旦感觉到自己可能会稍逊一等，就会心理失衡。

其实尺有所短，寸有所长，每个人都有自己的闪光点，我们要相信每个人都是独一无二的，使自己强大才是关键。

正确的比较会让我们找到自己的不足，认识到与优秀的差距，从而奋发图强。盲目的、过度的攀比，则会使我们的心理扭曲。让我们莫好高骛远，快乐做小事，回忆开心事，一步一个脚印地稳健前行吧！

☀ 高老师的幸福之道

大部分时候，我们感觉不幸福，一半是源于生活的困境，另一半则来自攀比。然而，幸福没有比较级，只有最高级。与他人相比较的幸福，要么是在别人的痛处上寻求自己的"幸福"，要么是在别人的幸福之中伤害自己。

与其在与别人的攀比中庸人自扰，不如正确认识和利用我们的比较心理。

人都有争强好胜的一面，谁也不愿意落后他人，屈居第二。当我们在比较中感到自己处于劣势时，不妨从多角度分析自己的现状和优劣势，从正面的角度来提升和突破自己。与自己比较，当发现自己处于上升趋势时，就是进步和成功。

对此，我总结了几条关于改变攀比心理的方法，你可以尝试一下。

第一，你有我无，我有你无，一切都是相对的。

当你羡慕别人有钱时，你有没有看到他为了工作放弃很多休闲时光？

当你羡慕别人有权时，你有没有看到他为了责任夜夜失眠、茶饭不思？

当你羡慕别人有名时，你有没有看到他在出名前蛰伏了多久，最终才得以一举成名？

就拿我来说，我从来不认为自己是一名成功的培训师。很多学员对我的"幸福之道"感到钦佩，以为我就是一汪不竭之泉。其实不然，我一直在关键点不断督促自己前行。在信息爆炸的今天，学员们的认识水平越来越高，如何找到他们内心的痛点，分析他们的心理，引起他们的共鸣，找到他们需要的幸福之道，再用他们喜欢的话表现出来，真的很具挑战。

为了研究某一个幸福理念，我要长年累月手不释卷，绞尽脑汁思考好几个月，再反复修改一两周，不停上网查资料、阅读心理学书籍，找身边的人聊天、实践，才能完成。

所以，世界上没有一件事情是容易的。正所谓"要想人前显贵，必然背后加倍"。

当看到别人收获多是因为付出多时，你还会不平衡吗？

人生就如甘蔗，没有两头甜。这方面好了，那方面就有缺陷。

小城市的人悠闲自在，但生活单调，缺少活力；大城市的人虽然辛苦打拼，但他们对生活充满激情。

因此，不要老是用自己差的方面跟别人好的方面比，却看不到别人不如我们的地方。当我们知道了凡事有得必有失，人生注定不完美，看待事情就会全面一些，是不是也心平气和了许多呢？

第二，只要向上攀比，就不会幸福。

对于攀比，大多数人是因为处于劣势而感到不幸福，但也有人处于优势也不幸福。这是因为他们拥有更高的期待，对于这样的人，我给了他们这样一个幸福公式。

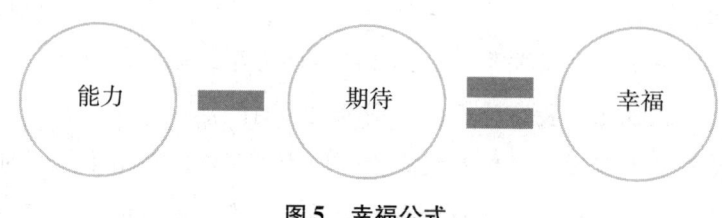

图5　幸福公式

这个公式的意思是用自己拥有的能力减去更高的期待，就能获得幸福。

我给一个企业的员工做培训时，有一名很沮丧的年轻人找我咨询，他告诉我他在公司里一直处于中下游，为此感到非常痛苦。可是他所在的公司是世界500强企业，而他所在的部门又是企业的核心团队。其实他已经很优秀了，但他却没有意识到。

所以，只要我们向上攀比，就永远感觉不到幸福。因为强中自有强中手，别人行的我们却不一定能做得到，因为做不到，所以感觉不幸福。

第三，独乐乐，不如众乐乐。

微信朋友圈，对于那些一味炫耀式的晒照，我保持比较中立的态度，而对于那些以分享为主的晒幸福，我是比较欣赏的。

我有一个好朋友，家境很好，记得我第一次到她家做客，心里颇有些不安。因为之前去别的富人家庭，他们总是一副高高在上的样子，一言一行似乎都在告诉我他们很有钱，他们的一切都是我不可能拥有的，让我有一种格格不入的感觉。

但这位朋友非常热情，她毫不忌讳地给我介绍她家的各种宝贝，她爱人则在厨房忙前忙后，做了各种好吃的招待我们，她的孩子也大方地拿出各种玩具与小朋友一起玩耍。那天我突然明白了，不是说财散人来吗？原来物质需要分享才会感到快乐，就像我们做了一道美食，最快乐的时候就是看着别人吃得津津有味。

每个人都需要尊重，而人与人交往在于价值的互换，当你通过分享让别人获得了价值，大家自然就会欢迎你。而如果我们孤芳自赏，只是吹嘘自己的成功，自然得不到大家的认同。

因此，当我们超越周围的人时，我们要做的是分享而不是炫耀，唯有这样我们才会得到价值体现之乐和尊重感激之乐；而当我们不如别人时，我们要做的是赞美而不是贬损，唯有这样我们才会拥有虚怀若谷的豁达之乐和上善若水的智慧之乐。

从现在开始，对你的朋友说：只要你过得比我好，只要你向我分享美好，我就会为你送上真心的祝福。

06. 幸福的方程式——效用/欲望 = 幸福

开篇小谈

如今，我们听到最多的一个词就是幸福指数。幸福是一种很玄妙的东西，它不像大米、蔬菜、水果，能够称出斤两；也不像竹竿、尺子、铅笔，能够量出长短。那幸福又怎么能用指数来衡量呢？世界上还真有这么一个"幸福方程式"。

这个所谓的"幸福方程式"并不是我发明出来的。它是由美国经济学家萨缪尔森提出来的,这个方程式是这样的:

图6　幸福方程式

在这个方程式中,效用指的是我们手中的财富转化为物质或心灵上的满足的"量"。从这个"幸福方程式"中可以看到,效用与欲望是成反比的,欲望越大,我们的幸福感也就越小。究竟是不是如此呢?

情景再现

我认识这样一对夫妻,他们白手起家,通过卖早点赚到了人生第一桶金。有了这笔积蓄,他们便开了一家饭店,还聘请了一位手艺高超的师傅,饭店的生意越来越红火,很快就扩大店面,并在几年后又开了分店。

众所周知,从事餐饮业是非常劳累并且忙碌的,为了照顾好生意,这对夫妻几乎牺牲了一切时间,甚至连唯一的女儿也常常无暇照顾。

在夫妻俩迅速累积财富的同时,他们的女儿一天天长大,我和他们的女儿时常劝他们:"不要太累,钱够花就行。"但这对夫妻哪里肯听我和孩子的意见,依然一门心思做生意。女儿一个月也见不到父母几面,生活全靠家里的保姆照顾。

在缺少父母陪伴和教育的情况下,原本乖巧懂事的女儿和一群小混混玩到了一起,常常逃学、喝酒、抽烟,最后甚至染上了毒瘾……

一个原本幸福的家庭就这样走向了破碎的边缘。当这对夫妻向我讨教如何重新获得幸福时,我只能告诉他们:先关爱女儿,让女儿重新感受到你们的爱。

☀ 高老师的幸福解析

如果我们有太多的欲望，表面看起来，我们得到的东西有很多，但真正享受到的却只会越来越少，因为欲望已经占满了我们的心灵。物质上的东西，可以靠不断努力得到满足，而心灵一旦出现空洞，却永远无法填补。

正如我认识的这对夫妻，在积累更多财富的同时，与金钱一同增长的还有他们的欲望。为了赚取更多的钱，他们牺牲了自己的生活，牺牲了与女儿相处的宝贵时间。最终，孤独的女儿在迷茫中误入歧途，夫妻俩即便拥有再多的财富，也无法让一切重来。

借用萨缪尔森的幸福方程式，我看到，对于这对夫妻来说，他们所拥有的"效用"，也就是金钱的使用率是非常低的，忙于工作的他们几乎没有多余的时间来享受金钱所带来的便利，甚至忽略了最重要的亲人。

所以我说，这对夫妻的幸福指数非常低。

至于他们的女儿，我们都知道，对于一个孩子来说，比起物质享受，更渴望父母的关爱和陪伴。很显然，女儿得不到这一切，金钱根本无法给她带来这样的"效用"，她渴求关爱的愿望也得不到满足。因此，即便有着优越的家庭条件，女儿也并没有感到幸福，最终在孤独和迷茫中走上错误的道路。

所以最后我想说的是，适当的欲望能成为我们奋发图强的动力，但过多的欲望只会成为人生的负累，拖住生命前行的步伐，带给我们无休止的烦恼与痛苦。

☀ 高老师的幸福之道

萨缪尔森的"幸福方程式"其实早已揭示了幸福的真谛：分子越大、分母越小的时候，幸福指数才会越高。这意味着，当我们能够将金钱充分地利用起来，换来物质和心灵上的满足，并尽可能地压缩自己的欲望时，幸福自然如期而至。

我们常听说要学会知足。对于这一理念，我并不是完全认同。对于金钱的欲望我们每个人都有，只是程度不同，并非一句"要知足"就能够控制住的。我想说的就是，通过幸福的方程式，让你明白欲望越大，我们的幸福感也就越小这个道理。

07. 没有钱做依托，请问谈何生存的尊严

情景再现

很多年以前，我去一家外企做培训，接待我的是一个非常年轻的姑娘。这位姑娘长发及肩，标准的鹅蛋脸上一双大眼睛透露着温柔，她亲切地跟我做了自我介绍："您好，我是这家公司的副总，我姓陈。"知道她的职位后，我非常惊讶。

培训中途休息时，我与她聊天。她跟我说起她在这家公司的工作经历。

大学刚毕业时，她来这家公司应聘。面试时，当被问到期望薪水的问题，她面无惧色，用一口流利的英语说出了3500元的月薪的要求。那个时候在北京，3500元并不是个小数目。她的答案也让老板感到惊讶，跟她说，工资能不能低一点，毕竟你没有任何工作经验。

通常情况下，大多数人会适当降低自己的薪酬，期望得到这份工作。但是，姑娘非但没有，反而用流利的口语跟老板说了一句话，大概意思就是，她之所以开这个价格是因为她有自信，自己的工作能力值这个价。

老板最终被她的自信感染到，她被录取了，老板也没食言，每月3500元的薪水，一分钱也没少。没想到仅仅过了半年，她就被提升为公司副总，因为她的工作能力确实非常强，上司交代的任务她都能出色地完成，并且做事非常有逻辑性、条理性。

听完她的故事，我好奇地问她："你大学刚毕业，为什么要那么高的

薪水？"

她回答我说："为什么不行？我得生活吧，我得养我爹妈吧，我大概算了一下，我每个月至少要3500元才能保证我的日常生活。"

我又问她："难道你不怕老板拒绝你，你会失去这个机会吗？"她说："我不怕，如果你刚开始就羞于谈钱，那就别指望老板以后能给你涨工资了。"

听完姑娘的回答，我有点惊讶。看到我的表情，姑娘继续说道："在如今的社会，谈钱没什么好丢脸的。钱对每个人来说都是最实在的保障，能维护每个人的尊严。"

后来的事实表明，敢于谈钱的她不仅没有失去这份工作，反而发展得顺风顺水！

高老师的幸福解析

听完这位姑娘的故事，我久久不能平静。我仔细回想了一下身边朋友的经历，发现这位姑娘用行动证明了一个事实，那就是没有钱做依托，我们谈何生存的尊严。

比如找工作的时候，如果我们有一点点的胆怯或者不自信，对方都会狠狠地砍价，因为用最便宜的价格雇佣到有能力的员工是每个企业人力资源的责任。如果我们应聘时不敢跟老板谈钱，最终只有两种结果：第一，公司觉得你不自信，怀疑你的能力，于是一再砍价，最后还不一定录用你；第二，单位录用了你，后来发现你工作能力真的不错，于是沾沾自喜，原来招一个这么能干的人只要这么点钱就行了，接着同行都知道了价格，反正就这个薪水，你不干自然有人愿意干，那就更涨薪无望了，最后吃亏的还是你。如果我们工作后实在是忍不住想涨工资，那就跟老板直说吧，免得影响自己的工作效率。老板能同意最好，不行就另谋高就。

社会，什么能给人巨大的安全感？我想有一个答案可能大家都不会否认，那就是钱。所以我想说，我们谈钱为何要不自然呢？想赚钱又有什么不对？

我自己也经历过一件跟钱有关的奇葩事。

图7　"不敢谈钱"

大学毕业时，为了找到一份工作，我投了很多简历。后来一家很知名的企业联系我，让我去面试。这家企业的办公大楼特别有档次，面试官也很满意我，觉得我完全能够胜任这份工作，最后对方问了我一句："你的预期薪水是多少？"

我考虑了一下，按照市场行情结合自己的工作能力说出了一个价格。没想到对方一直摇头说："太高了。"我问他们："那你们以往的培训师工资是多少呢？"他们说："1500元。"我二话没说，拿了包转身就走了。

曾经的我也觉得跟别人谈钱挺不好意思的，那是因为我不曾经过社会的洗礼，但现在我发现谈钱是我们最起码的权利。没有钱做依托，请问谈何生存的尊严？我们拼命工作，终日奔波于家和单位，为的就是钱，就是生存。

我们之所以羞于谈钱，是因为我们对金钱没有正确的认识。我们厌恶的不是钱，而是那些不择手段的赚钱方式和挥霍无度的浪费行为，跟金钱本身没有任何关系。

现实往往是这样，家庭中敢谈钱的人，基本都有话语权；婚姻中敢谈钱的女人，一定能自食其力；工作中敢谈钱的人，大都非常出色。物质世界的你和我，也许做不到视金钱如粪土，至少我们敢直面金钱，承认金钱对我们的意义，通过自己的努力合理地赚取金钱。

相信我，当有一天，你跳槽或面试时，老板问你的期望薪水是多少时，你真诚地看着老板的脸，然后发自肺腑地说："我没什么期望薪水，我就是想挣钱，想跟着您挣大钱。"这时，不妨用余光看看老板的脸，也许你会发现老板正用赞许的眼光看着你。

☀ 高老师的幸福之道

现实生活中，很多人认为金钱＝幸福，在这里，我传授给大家的幸福之道理念是对于金钱，我们要有正确的认识，没有钱，我们连最起码的生活都得不到保障，何谈尊严与幸福？但金钱并不是我们生活的全部，它也不完全等同于幸福。我们要做的是，敢于谈钱并通过努力工作获得钱，让自己过上幸福的生活。

关于如何利用金钱获得幸福，我提出以下两点建议。

第一，正确、合理地使用钱。

我们努力工作得到的钱，要正确合理使用，可以用它来享受生活，但却不能过度享受，那样，我们就会成为金钱的奴隶，很难得到幸福。

第二，树立正确的金钱观。

我们要想获得钱财，要通过合乎道德与法律的正当途径获得钱财，并且把钱用在实现人生价值的地方。如果我们拥有更多的钱，可以把钱用到有利于国家社会、有利于他人的地方。这样，就会感觉到无比地满足，人生更有意义。

第 2 章

你需要享受的——生活不只是眼前的苟且，还有诗和远方

对于生活的幸福之道，有很多鸡汤文都在告诉我们"只要努力，就能幸福"，我却不敢苟同。我认为生活的幸福之道，用一句很流行的话说就是——生活不只是眼前的苟且，还有诗和远方。对于这句话，我的理解是：不完全地否定现在，也不放弃对未知的追求。这才是真正的"不只是眼前的苟且"，才是真正该有的幸福。

01. 请放下手中的"毒汤文"，莫让"精神麻醉剂"害了你

☀ 高老师的幸福解析

大部分"鸡汤文"的出发点是好的，无非是想给人们带去一些正能量，让人对未来充满希望。在我人生遭遇困境时，我也看过几篇"鸡汤文"，以获取生活的信心。

问题是，通过我这么多年对"幸福之道"的研究表明：在解决实际问题时，"心灵鸡汤"能发挥的作用十分有限。有些"心灵鸡汤"确实能让我们受到激励，重拾信心，而有的"毒鸡汤"会让人渐渐自我麻痹，进入一个状态——间歇性踌躇满志，持续性混吃等死。意思就是说我们每天看起来非常有信心，充满正能量，却缺乏分析问题和真正解决问题的能力。

所以，我对这些"毒鸡汤"给出的评语是：虽然它们能让我们瞬间获取信心，但过后则一切回归原样。偏偏喝下这碗"毒鸡汤"的人，觉得味道还不错，认为自己已经获取了正能量和信心。这种奇怪的状态就是中了"毒鸡汤"的毒，需要治疗了。

我觉得是时候写点东西，把大家从"毒鸡汤"的麻痹中拉回来了。也许看完本节的内容，你会发现不是所有"心灵鸡汤"都充满励志正能量，要警惕其中的某些"毒鸡汤"。

☀ 高老师的幸福之道

一、什么是"毒鸡汤"？

有的"心灵鸡汤"我们读了以后无伤大雅，还可以舒缓心情，陶冶情操，为心灵增添一些正能量。但是，现在互联网上各种信息良莠不齐，好的励志文章中也混杂着一些"毒鸡汤"，我们一定要注意辨别。

首先，向大家普及一下什么是"毒鸡汤"？

我在各种图书、微博、朋友圈、百度上纵览各类型"毒鸡汤"，发现几乎所有"毒鸡汤"的中心思想都可概括为两个"只要"：

第一，只要努力，就能成功；

第二，只要放下，就能快乐。

这两大"只要"可以说是"毒鸡汤"的"指导思想"了，为了更生动地表现这种指导思想，作者们还会在鸡汤里加一些富有感染力的小故事当"佐料"，故事中的常驻嘉宾有成功人士、智慧长者、佛门宗师以及我的朋友A、她的闺密B等人物。同时，为了让"毒鸡汤"容易消化，表达方式浅显易懂，平凡中透露着不平凡。

我很难用文字来定义这种"毒鸡汤"，但当我们遇到"毒鸡汤"时，立马可以认出来。那种感觉形象点儿说就是：隔着文字我都闻到了浓浓的"毒鸡汤"味儿。

二、"毒鸡汤"的"毒"在哪里？

"毒鸡汤"并没有看上去那么"美味"，而且还隐藏着"剧毒"。前文我提到了"毒鸡汤"的两大指导思想，接下来，我认真地分析一下这两大指导思想为什么"有毒"。

"毒鸡汤"之毒一：只要努力，就能成功。

"毒鸡汤"最大的罪过，就是孜孜不倦地灌输给我们那些看似正面、实则扭曲的价值观。

大部分的"毒鸡汤"都在用生动的案例告诉我们：只要努力，就能成功。

这种说法有一些可能性。我们身边确实有不少通过努力获得成功的人，这样看来，这个论点是成立的。但是，所见并不一定为实。我们看到了通过努力获得成功的人，但是没有看到的努力过最后失败的人可能更多。也许后者只是不想跟大家分享自己的故事而已。

"毒鸡汤"的流行，恰恰反映出，在我们的教育结构中，忽略了一个重要的环节——如何接受失败。

"毒鸡汤"中宣扬的"只要努力，就能成功"还有一种意思，就是我们做什么事都能成功。换句话说，失败的概率是可以降低的，一个人失败就是因为他不够努力。在这种逻辑下，失败仿佛成了一件不可饶恕的事情。但现实是，失败是常态，成功才是偶然。

图8　"心灵鸡汤"

一个人能够不断追求成功并且正确面对失败，才标志着成熟。拒绝失败，逃避失败，其实就是拒绝进步，逃避自己。从这个角度来看，"鸡汤病患者"就是一个个不成熟的孩子。

"毒鸡汤"之毒二：只要放下，就能快乐。

如果说第一条指导思想是放大了坚持和努力的作用，属于"积极过度"，那么这条指导思想就是无限放大了"心灵"的作用，属于"消极过度"。

比如我们看到别人很有钱，自己很贫穷，生活得不快乐，"毒鸡汤"会说那是因为我们太贪婪了，人要知足，满足了，就快乐了；比如我们失恋了，沉浸在悲伤中无法自拔，"毒鸡汤"会告诉我们那是因为我们还爱，还没有释怀，还没有放下，放下了，就快乐了；再比如我们刚刚经历了创业失败，处于人生低谷，"毒鸡汤"会告诉我们，那是因为我们没看开，看开了，放下了，我们就又充满斗志了。

可以看到，一旦涉及心理和精神上的问题，"毒鸡汤"就换了套路，不说坚持和努力了，开始劝我们释怀、放下。这不就是"宿命论"吗？世界上所有的事情都是注定的，我们只能认命，接受老天爷安排的一切。这时，"毒鸡汤"开始让我们学会"接受"，仿佛是在说："认命吧，胳膊是拧不过大腿的。"

逃避现实就是鸵鸟式的解决办法，相对这种逃避，我更愿意直面现实，及时调整。如果难过，那就放肆流泪；如果开心，那就拼命大笑。用心体会不同情绪带给我们的不同感受，这种体会能让我们觉得这个世界更加真实。我们需要训练自己"管理情绪"和"隔离情绪"的能力。总之，接受情绪让我们成为真实的自己，而管理情绪帮助我们成为更好的自己。

三、为何要拒绝"毒鸡汤"？

"毒鸡汤"最厉害之处在于，能把两种矛盾的思想融合到一起，形成一种看似"自治"的逻辑体系。也就是说，"毒鸡汤"让我们感觉问题已经解决，实际上，什么问题都没解决。

当我们失败了，"毒鸡汤"告诉我们"只要坚持，就能成功"；当我们坚持了，失败了，准备放弃了，"毒鸡汤"告诉我们"只要放下，就能快乐"，认真想想，这样真的能解决现实世界中的问题吗？

更可怕的是，"毒鸡汤"还会引人入歧途。我身边就有这样的例子，有的朋友该坚持的时候不坚持，该放下的时候不放下。他们之所以作出错误的选择，是因为长时间的逃避现实让他们丧失了分析实际问题的能力。"毒鸡汤"给了他们逃避的理由，让他们自我麻痹，不去面对现实世界。

"毒鸡汤"传递的所谓"正能量"，无非就是弱者逃避现实的麻醉剂而已。

最后，我衷心地劝告读者：请放下手中的"毒鸡汤"，不要被这种心灵麻醉剂麻痹，勇敢面对现实的世界吧。真实的世界固然不完美，但正是这些不完美给了我们奋斗的动力、改变的动力，让人生更有意义，不是吗？

02. 生活不只是眼前的苟且，还有诗和远方

高老师的幸福解析

一次偶然的机会，我在新浪微博里看到高晓松说的一句话：生活不只是眼前的苟且，还有诗和远方。

什么是真正的诗和远方？是说走就走的旅行？奋不顾身的爱情？还是更遥远的未来？

听到这句话，人们的第一种反应也许是感动得无以复加，大呼以前白活了，现在就要去寻找诗和远方，不再苟且。第二种反应是嗤之以鼻，认为高晓松出身书香世家，又读了名校，才敢说不需要苟且，觉得这是站着说话不腰疼。

对于这句话，我认为所谓苟且不只是柴米油盐，苟且是已有的知识体系和框架，是需要我们去学习更替的。"不只眼前的苟且"，说明眼前的也很重要，不要被现有的框架束缚住，要以这个框架为基础去探索。

不完全地否定现在，也不放弃对未知的追求。这才是真正的"不只是眼前的苟且"。

因为高晓松的这句话，我在网上查阅了一些关于他的资料，我更喜欢《晓松奇谈》的片头，写出来与大家分享：

历史不是镜子，历史是精子，牺牲亿万才有一个活到今天。人生不是故事，人生是事故，摸爬滚打，才不辜负功名尘土。世界不是苟且，世界是远方，行万里路，才能回到内心深处。未来不是岁数，未来是礼物，读万卷书，才看得清皓月繁星。

——摘录于《晓松奇谈》

走遍千山万水，才能回到内心深处。表面文艺的背后，不乏生存的智慧。

每个人心里都有一个梦想，我们要做的是不活在任何人设定的框架里，不追随任何人的脚步，寻找属于自己的诗和远方。

高老师的幸福之道

如何找到属于自己的诗和远方，我通过近十年对"自我维护、心想事成"的研究和培训，总结出以下三个方法，希望能帮助读者找到属于自己的诗和远方。

方法1：做一个现实基础上的理想主义者。

大学时光也许是我们人生中最富有激情，最有尊严、自由的阶段，有很多毫无拘束的梦想，每一天都觉得自己可以改变世界。踏入社会，我们努力变成一个大人，却发现世界不以原本以为的方式运转。

每当我给一些年轻人做培训的时候，我都会向他们推荐《涂自强的个人悲伤》这部小说，普通的中国青年涂自强为人勤快、友善，不停地奋斗，但最后依然一无所有。与《了不起的盖茨比》相比，比尔·盖茨至少曾经"成功"过，按照社会既定的价值观，涂自强完全无法实现他的梦想，甚至无法好好地养活自己，是个彻彻底底的失败者。

世界如此残酷，我们要尽早知道真相，但我们不能放弃梦想。在我大学毕业、刚入联邦制药培训时，由于年轻，很少有学员认真听我讲课。我一直坚持，我给学员发慰问邮件，并认真回复每一位学员的问题。

不久后，我的坚持得到了回应，联邦制药的学员们渐渐地接受了我，特别是一些刚入职的年轻学员，更是把我当成"知心姐姐"。

如果时光倒流，我的坚持没有得到回应，我想，我也会一直坚持下去。我鼓励的是现实基础上的理想主义。希望我的学员们在不丢失理想的同时，先找到一份得以糊口的工作，先保持现世安稳。不挨饿，不受冻，住得舒适一点，逢年过节能给伴侣、给家人买礼物，维持起码的生存尊严。

在此基础上，那些不满足于仅仅"活着"的人，我希望他们去做一些更有影响力的事,对社会有益的事,而不仅仅造福于自己一个人、一家人。

图9　世界因我而更美好

这样的努力更接近我本人的想法——让世界因我而更美好。

现在说"理想主义"这个词,很多人觉得无用。也许,以卵击石都不足以形容执行时遇到的困难和懊恼。奋斗多一点,期望要少一些。

我尊重每个个体的选择,如果你认为自己会是这个时代的弄潮儿,是像太阳一样发光的人物,那就努力去做太阳。如果自己只能做一片绿叶,那就努力去做最好的绿叶,能把他人衬托得更优秀也是一种能力。

方法2:世界那么大,别老窝在被子里看手机。

我喜欢的作家毕淑敏曾经用40万元的半生积蓄,环球航行百余天,这不是谁都可以做到的。正如毕淑敏所说:"即使现在拥有40万元,基本上也不会有人用来看世界,买房子、车子是更实际的做法。"她做了一个形象的比喻,这就像一个老农把自己一手种出来的玉米磨成面、烙成一张饼吃掉一样。

每一年,我会给自己安排至少3个不同地区的深度旅行,比如西藏和丽江。去儿时梦想的校园里走走,喝杯咖啡;去环球影城,沿公路开车旅行;去法国看欧洲杯、巴西看世界杯……将这些童年时代就在愿望清单上的地方,一一走过。

不去凡尔赛宫看一下,体会不到法国国王曾经的奢华;不从欧洲勃朗峰3300英尺的高空玻璃栈道上走一趟,很难体会到向前一步的勇气。

亲眼看到、亲身体会到的东西和书本上、电视上看到的截然不同,感受更为立体真实。

世界那么大,别老窝在被子里看手机。

方法3:阅读是内心的救赎。

阅读是一种自我拯救,当身边的世界令你感到困扰,我们可以借助阅读,在想象中的美好世界,安抚和净化自己的内心。

在研究幸福之道的过程中,我的大部分时间都用来阅读,有时,遇到不知道用哪种方式给学员讲解"幸福之道"的难题,我也会求助于书本。

支撑诗与远方的是强大的精神和自我。没有独立的精神就没有独立的自我,没有独立的自我就不能获得真正的自由,只能是别人思想的附庸。

说到这里,很多读者会说:"我没想那么多,也别和我谈什么精神,我就喜欢物质,就想赚钱。"我尊重你的观点,我想表达的是:想从物质世界里脱颖而出,首先得精神强大。

每当深夜来临,我会站在自家的阳台上看这座城市,感受梦想的气息。无数人为了梦想从四面八方赶来,我也被梦想带到这座城市中来,我们还将继续在这里奋斗下去。

03. 自己赚的是应得,别人给的是惊喜

高老师的幸福解析

生活中的安全感,一直是我研究幸福的重点。如何获取安全感的具体方法,源于几年前我看到的一则报道,这个报道的主角是王石的妻子田朴珺。

田朴珺曾出版过一本名叫《习惯就好》的书,在书中,她回顾自己大学时因走穴赚广告费而被退学,后来从服务生、销售员做起,直至后来创立自己的公司,投资拍摄电影,去纽约电影学院读书,再到后来与王石在长江商学院认识的经历。

田朴珺在很多报道和采访中都谈到自己是一个有自我要求的人,喜欢结

交成功人士取长补短,更坦言自己很会自我驱动,喜欢独立和自我强大。

她说自己最拼的时候每天只睡四个小时,组建团队自主创业、做电影投资及创作,在纽约的时候,白天上课晚上用长途电话管控国内的房地产项目,凌晨还要修改国内的剧本项目……

田朴珺说她与王石结婚前,从没要过王石赠送的任何礼物,就连约会,她也常常主动买单。王石第一次求婚时,田朴珺认为自己尚不够强大,她拒绝了。后来经过努力,一直成长到自认为可以与王石般配时,她才答应王石的求婚。

田朴珺的故事启示我,女性的确需要安全感,但世间最牢固的安全感需要靠自己的能力获取。这就是婚姻中获取安全感最重要的方法,也是唯一的方法。

以前我们说女孩子干得好不如嫁得好,这种观念从本质上就有问题。不信,我们可以看看周围,那些嫁得好的女性都过得幸福吗?

这些年,前来向我咨询婚姻问题的人特别多,尤其是女性。她们很多人都是为了家庭、孩子付出了自己最宝贵的年华,等孩子慢慢长大、丈夫事业有成的时候,她们自己却没有安全感。

情景再现

我的一个学员,出于隐私考虑,暂且叫她陈女士吧,她就和我聊过这种经历。

陈女士随丈夫来北京打拼时,丈夫让她安心在家带孩子,自己负责赚钱养家。白天,陈女士带着孩子在家,辛苦又孤独,她既担心老公的工作和收入,又感觉自己对家庭没有贡献。她觉得自己什么都要靠老公,在家里说话变得没有分量,她感到非常不安。

庆幸的是,陈女士爱好写作,她找到了一个既能发挥自我价值又可以照顾家庭的方法。她开始发奋写作,直到出版了自己的第一本书。她告诉我,自从她的书出版后,婆家的人都很尊敬她,如今她已经转型成为一名职业撰稿人，无论从经济上还是精神上，都很独立，和丈夫的家庭生活也过得充实而快乐，她再也不会感觉没有安全感。

图10 何为安全感？

听完陈女士的讲述，我越来越坚定了自己的想法：在这个世界上，没有谁能给你安全感，只有通过努力提升自己的实力，才会拥有获得安全感的能力。

所以我想告诉大家的是：与其依赖别人给予安全感，不如依靠自己的努力，给自己一份踏踏实实的安全感。

请永远记住：自己赚的是应得，别人给的是惊喜！

高老师的幸福之道

在这个世界上，没有谁能保证一辈子照顾和帮助你。我们唯有靠自己的实力和努力，才能过上幸福的生活。

在这里我提供一种方法，这是一种从意识、情感和行为三个方面去帮助人们获取安全感的方法，包括以下五个步骤。

第一步：自立，拥有一份工作和稳定的收入。

我的妈妈在世时常常对我说，"大树下的小树是永远长不大的"。如果依附他人寻求安全感，将永远无法获得安全感。因此，我们首先要有自食其力的能力，找到一份自己胜任的工作，获得一份稳定的收入，工作不仅让我们发挥个人价值，还能让我们获得稳定的经济来源，使我们可以有资本去追求自己想要的生活，提高自己的生活质量。

第二步：**自爱，强大内心、丰富自我。**

花若盛开，蝴蝶自来，自爱才会惹人爱。只有懂得爱自己的人，才会好好爱别人，才会吸引他人来好好爱自己。

第三步：**自信，开发潜能、提升自我。**

相信自己，自我驱动，发掘自己，成就自己。找到自己的优势，尽全力发挥所长；发现自己的劣势，补齐短板。随时保持对自己清醒的认知，明确目标的设定，就完全可以成就自我。千万别低估自己，甘愿围着锅碗瓢盆转，却忽略了优秀的自己。

第四步：**自乐，充实生活、广交益友。**

要学会自我获得快乐，安排好自己的生活，拥有看书的兴趣爱好，有志趣相投的好友，可以呼朋唤友喝茶娱乐、聊天逛街等。如果我们的生活足够充实和精彩，我们还会有时间去想没有足够安全感的问题吗？

第五步：**自知，改变自己、友好相处。**

我们要想办法认清自己，了解自己的需求，给自己做好定位。不要自我设限，更不要人云亦云。学会自我担当，善于适应和提升自己。如果我们能与时俱进，又何必害怕被社会淘汰、被他人遗弃呢？自己掌握自己的命运，又怎么会担心没有安全感？

04. 道理我都懂，为何还是过不好这一生

🏠 开篇小谈

业余时间，我会在朋友圈发表一些文章。慢慢地，我发现每当我写出一些自己的人生经验和幸福之道的理念时，下面都会收到不少留言："高老师，你说的这些我都懂，能不能直接教教我们在生活中具体怎么运用？"

每当看到这样的留言，我都会思考的是：为什么会有这么多人觉得"道理我都懂"，你确定你真的懂吗？

每每想到这里，微博上很红的一句话仿佛就在我耳边回响："道理我都懂，为何还是过不好这一生？"

📎 情景再现 + 幸福之道

也许是我比较早熟，从上小学时我就发现，"懂道理"其实说起来容易，做起来却非常难。记得有一年放暑假，我和朋友们出去玩，有个朋友的妈妈得了乳腺癌，她害怕得哭了。我蹲在她旁边，不知所措，虽然不知道乳腺癌是什么，但看到她难受的样子，我也急哭了。

那时，我以为哭就是能体会到她有多难受。直到有一天，我爸爸让我去树上摘槐花，结果刚爬到树上，就触动了马蜂窝，马蜂向我蜂拥而至，叮得我刺骨得痛，摸着头上的大包，我才真正体会到，有些痛苦没有亲身经历过是绝对体会不到的。

长大后，当有人向我倾诉他们的苦闷时，我很少再说"你的感觉我都懂"这样的话了。小时候的经历让我明白，根本没有什么"感同身受"。如果不经历和对方同样的事情，就说完全懂得对方的痛苦，简直是信口开河。我的意思不是让大家别安慰朋友，而是我们的安慰不是因为我们懂，而是因为我们关心。我们可以"理解"朋友的痛苦，但绝对做不到"懂得"朋友的痛苦。

这个道理在感情上、学习上也是一样。我有一个高中同学，现在他在当地一所最好的初中教书，除了平时正常的上课任务，每周末他还要给年级的尖子生补课。他非常注意基础知识的掌握，因此在给尖子生上课时，依然花不少时间讲那些基础概念。但是尖子生们并不领情，觉得他讲得内容太简单，平时老师已经讲过了。

学生们反映得多了，他以为真的不需要再讲那些基础知识了。但是经过几次小测验，他发现这群尖子生对基础概念的掌握还是很欠缺，犯了很多低级错误。如果出题时将基础知识稍做演绎，学生的错误率更高。

学生们自己认为基础概念已经掌握了，但事实上，他们只了解了皮毛，并没有真正把知识吃透。这种感觉我真是太熟悉了——我觉得书的知识点太简单了，一翻书都会，但考试时，概念都记得，就是不会做题。考试结束打开书，又懂了。这种"懂得"，既不准确，也不全面，更别谈透彻了。似懂非懂，不是真的懂。

因此，我觉得"懂"这件事情是有程度深浅之分的。由浅到深可分为：了解、准确、深入、全面。当我们"懂"的程度达到深层次的时候，就能举一反三，融会贯通了。

其实，"了解"也是"懂"，但此"懂"非彼"懂"，浅层次的"了解"和深层次的"全面"是两码事。我们自以为全面了解了，其实只是了解皮毛。在知识的懂得上都是如此，更别说懂道理了。

我再来说说自己的亲身经历吧。肥胖不仅危害身体健康，对生活的各个方面都有影响。这个道理我知道，但是这种明白只停留在表面，如果不是那次打击，我可能这辈子都停留在道理表面了。

图 11　"懂得"道理

2004 年生完孩子之后，我的体重一度达到 150 斤，我经常晕倒，正因为与死神零距离接触过，我开始关注健康，关爱自己，管住嘴。当我再到医院复查时，各项指标恢复正常。我自己也体会到了变化。首先，精神面貌好多了，同事也夸我气色变好了；其次，体重减轻了，我感觉自己身轻如燕，门外虽然是一样的风景，但是我感觉一切都更美好。

尽管现在我的身材依然微胖，但我的确减肥成功了。通过这次经历，我彻底明白"懂道理"这件事其实是非常困难的。

相信凡是减肥成功的人都会有与我类似的感受，但这种感受，没有经历过的人，是无法想象的。因此，如果一个人从来没减肥过，但是对我说"你经历的那些痛苦我完全懂"，我只会嗤之以鼻。

然而，好景不长，那次减肥成功后，我又慢慢地胖了回去。当然，大多数是由于我自己的原因，生活习惯不好，工作繁忙应酬多，缺乏锻炼，等等。后来我意识到，原来我是没有把这次的经验变成自己的本能。

我之前之所以能减肥成功，是因为我自制力非常好，规律饮食、规律运动、规律生活。但是我并没有坚持下去，等减到目标体重时，我就懈怠了，所以体重才会反弹。因此，对于"肥胖有害身心健康"这个道理，我又理解得更深刻了。我明白想要成功地做一件事，光靠坚持是不够的，最好的办法就是把坚持转化为本能，这样才能让习惯更持久。

如果我们能做到把"道理"和"本能"合二为一，才是真正的"懂得"。古人说"知行合一"，大概就是这个道理吧。

我们再回到文章开头的那个问题——为何道理我都懂，却还是过不好这一生？我想你需要先问问自己，道理，你真的都懂了吗？

05. 房子是租来的，但生活不是

情景再现

刚刚来北京时，我住在中关村的一个地下室宾馆，条件非常简陋，只有简单的木板床和旧桌椅，环境非常潮湿。

我的家在中原，三线城市的一个县城，就读的大学也较有名气，这样的居住环境是我从未经历过的，为了生活，为了留在距离梦想最近的地方，我选择接受。

　　楼道里住的人很杂，有无业游民，有小商贩，也有和我一样的青年人。好在我只在那里住了一周，就重新搬了一个相对好一点的地方，虽然离上班的地方特别远，每天坐车将近一个小时，公交车上被挤成S形的姿势，有时我会怀疑自己能适应这个地方吗？在这种心态下，我就只把这里当成一个睡觉的地方，因为这样的地方实在无法被称为"家"。我没有给房间购置过多的家具。晚上下班后，经常约大学同学、朋友出去逛逛，逛累了就回去睡觉。租来的房子，对我而言，不过是一个避免成为无处可归的都市流浪人的暂居地。

　　后来，我认识了一个叫安然的女孩子。安然和我一样，同是独自在北京奋斗的姑娘，也住着租来的房子。可她每天都会晒出自己精心制作的健康食谱，那雅致的桌布、精美的餐盘、用心摆放的食物，看起来是那样的美好。偶尔，安然还会把自己新购的摆件、自制小书柜的照片发出来，赢得一个又一个赞。

　　我知道，网友们赞的不只是那一件件物品，在琳琅满目的购物网站上，比它们更有趣的东西比比皆是，大家赞的是她对生活的态度："房子是租来的，但生活不是。无论我们在哪一个城市打拼，无论居住的环境多么不堪，我们都要让生活变得美好，动一动手，美好尽在眼前。"

图12　装扮房屋

　　翻看安然的动态，几乎每天都有出租屋里的生活照。蓝白色的窗帘，静谧而恬淡；淡粉色的床单，温暖而整洁；破旧的小柜被包上了碎花布，变成了小清新式的书柜；布丁瓶里放两束路旁采来的小黄花，散发着对生活的希望……那一刻，我突然意识到，生活原来还可以有另外的样子，它与我们所在的城市、地点无关，与我们所住的房子大小无关。唯一有关的是我们的心，我们选择用什么样的方式去经营。

我开始重新设计自己的生活：认真地给出租屋做了大扫除；买了一束我最爱的鲜花摆在显眼处，还买了几盆盆栽，屋里立刻有了生机；还买了一些有趣的墙贴……原来没有生机的出租屋变成了温馨的小家。置身在这个亲手打造的小天地里，我减少了外出游荡的时间，对这个租来的家有了一种归宿感。

我知道，房子虽然是租来的，可日子始终是自己的。

时光如梭，现如今，我有能力住上了真正属于自己的更舒适的房子，但依然感恩那段曾经的经历，让我慢慢地懂得了品味幸福。

高老师的幸福解析

在偌大的城市中，有多少人能够像我一样，穿透物质的外衣，看清生活的实质？太多的年轻人都把对生活的热情投入想象的黑洞中，不停地告诉自己"等我有了房子要如何""等我还完贷款要如何"，可就是无法抬起手先把厨房水槽里放了几天的碗筷洗干净，要不就是对乱糟糟的客厅、卧室视而不见。我们总在想，在心愿实现以前，凑合一下就行了。

我曾经在微博上看到一个叫周宏翔的"90后"男生写的一篇文章，题目就叫《房子是租来的，但生活不是》，其中有一段话我经常拿来讲给学员们听，这段话是这样的：

"我们不能因为房子是租来的，就要把生活过得也像别人给的一样，随时都可以拿回去。我们在上海是来干吗呢？我觉得就是要活成另外一个自己，一个别人随时可以拿走你的东西，但是永远拿不走你生活的那个自己。丢了工作，可以找到待遇相等的；丢了爱情，可以找到一个对自己更好的。我们不是租了他们，而是我们有资格拥有他们，你说对吗？"

高老师的幸福之道

房子是不是租来的,真的不是那么重要。有房子的人很多,但不是每个人都能把房子营造出家的味道,这个世界有房子而不幸福的人比比皆是。说到底,生活过的是一种心情。我们有美好的情怀,再简陋的家也能布置出艺术感。我们心态调整不好,住上别墅也一样会发牢骚。不要再说有了房子、车子我们就会幸福,不要总觉着,真的拥有了那些东西,生活就会变得大不同。谁又知道,那时的你,是否又对美好生活有了更高的要求?

06. 你还生活在"伪幸福"中吗

高老师的幸福解析

幸福还是不幸福,有时我们似乎很难厘清自己的状态并给出一个准确的判定。原来幸福和健康一样,也存在一种中间状态,那就是类似于亚健康的伪幸福。

所谓伪幸福,是指虚假的幸福,伪装成幸福的一种不幸福状态。类似于"亚健康"是介于健康与不健康之间的状态一样,患有亚健康的人群,他们总是感觉不舒服,但又找不出任何器质性的病变。而属于"伪幸福"状态的人群,他们在别人的眼里有着明显的幸福特征,但他们自己却很少感到幸福。

伪幸福存在于各类人群中,没有高低贵贱、年龄地域之别。比如,有一种伪幸福是贪官污吏的幸福,当他们以权谋私、疯狂敛财后,抛去过程中的胆战心惊后,享受的是极为奢华的生活,豪车美色、锦衣玉食、顶级物质、为所欲为的放纵给他们带去了片刻的幸福和满足。然而好景不长,一旦东窗事发,银铛入狱,那些曾经在他们眼中的"幸福"已被打上问号,此时他们眼中的幸福恐怕只是平常人家的日常生活:与家人团聚的安宁,与朋友聊天的闲适，随意漫步的自由，这种普通百姓安详、闲淡、怡然的幸福，已经成了是他们可望而不可即的最大幸福了。

关于对幸福的认知，不同的人群有着不同的理解，我们不能以财富的多少作为幸福的评价标准。比如，住豪宅的富豪，并不一定比住蜗居的平民幸福；天天吃鱼翅鲍鱼的人，未必就比天天吃青菜萝卜的人幸福。

我想告诉大家的是：幸福完全取决于个人的感受。当我们通过努力获得富足的物质生活时，我们可以享受收获的幸福；当我们的付出没有回报时，我们也要能接受知足的快乐。为了追求幸福不惜一切，收获的很可能是一种伪幸福。

对此，我经常在课堂上用电视剧《老大的幸福》给学员们讲解伪幸福和真幸福的区别。

在电视剧《老大的幸福》中，傅家四弟妹为了让老大傅吉祥过上幸福的生活，极力劝说并安排傅老大从东北来到北京。他们本以为凭借自身的力量可以让傅老大轻松找到幸福，但傅老大各种不适应欲回老家。更让他们意外的是，他们自己的幸福在现实生活中不堪一击，摇摇欲坠。地产富豪老二财大气粗，雄心万丈，却因资金周转不畅使企业危在旦夕；老三生性平和，却因官场升迁遇阻陷入家庭危机；老四本住在舒适的公寓房里，却因贪恋别墅而拼命加班赚钱；老五一心想嫁个有钱人，然而心思算尽反而处处碰壁。最讽刺的是，这些幸福表象下潜伏的种种窘境都被众人认为不幸福的傅老大一一化解。

其实，傅老大能够化解这些危机，是因为他有一个平凡人生的平和心态。在他眼里，幸福是平安健康，是安居乐业，是粗茶淡饭。他从不苛求荣华富贵、权势地位、锦衣玉食。在他看来，在追寻幸福的道路上，得到和失去都不必苛求，所以得到是幸福，舍得是幸福，知足是幸福。令人欣慰的是，备受"伪幸福"折磨的弟妹们，在历经物欲和情感的起落之后，终于对曾错过的"真幸福"有了新的感悟。

"伪幸福"总在幸福与不幸间摇摆，让幸福或不幸的人产生错觉。就如昨夜还是春风徐徐、杨柳拂面，今晨却是白雪皑皑、寒风瑟瑟。伪幸福总给幸

第2章 你需要享受的——生活不只是眼前的苟且，还有诗和远方

图13 对"真幸福"的新感悟

福一个致命的冲击，它让那些正享受幸福的人们晕眩，分不清南北东西。那些以拥有优厚富足的物质享受为幸福的人，在"伪幸福"中也倏然之间感到茫然和痛楚。

情景再现

我的一个学员曾经给我讲过这样一个故事。

他的父亲辛苦一生，只为了把他和妹妹送到城市过上体面的生活。父亲忍辱负重，干过擦鞋匠、搬运工、快递员、货车司机，为了多赚钱甚至同时干几份工作，每天休息时间不到6小时。随着儿女们成家立业，父亲终于实现了自己的夙愿。

一年春节，当他和父亲回到家乡探亲时，父亲向村民们讲起他在城市最开心的就是周末一家人到郊区玩，去摘野菜、摘各种水果。村民们不解地问他，你说的这些我们天天都在做啊，你辛苦多年就是为了留在城市，怎么到老了却喜欢起农村来了，你是不是当初就不该出去啊？

父亲和他沉默了……

我记得创立中国台湾济慈医院的证严法师，在一次讲法时说过这样一句话："有菜篮子可提的女人最幸福。"这句极为朴素的话提醒每一个普通的人

要学会珍惜身边的幸福。

因为幸福不是追求金钱、名誉、地位，而是渗透在我们生活中点点滴滴的细微之处，幸福的滋味就在提篮子买菜、满屋飘香的厨房烟火味中。很多人的生活在外人看来是幸福的，但其实呢？

幸福就像我们脚上的鞋，舒不舒服只有自己知道。幸福与否都是属于自己的，不是给别人看的。只要我们自己对生活知足，拥有一种平和的心态，就可以跳出"伪幸福"的怪圈。

☀ 高老师的幸福之道

幸福是什么？我想这没有标准答案。它只是我们每个人的独特感受，只可意会不可言传，任何言不由衷和故作姿态都算不上幸福，充其量，只能算是"伪幸福"。

你，还生活在"伪幸福"中吗？是不是也需要考虑如何摆脱这种生活状态呢？

关于如何走出"伪幸福"，我没有行之有效的方法，但我可以告诉大家：对于我们来说，人生中最重要的事情不就是吃饱穿暖、家人平安吗？其实，拥有这些并不难，只是我们忽视了而已。如果我们为了追求名利，牺牲了陪伴家人的时间、健康，又何谈幸福？

也许，我们倾尽所有，也买不起房，但我们可以选择租房，把房子布置得温馨一些；也许，我们也买不起车，但我们可以选择公交车、地铁，想去哪里都可以……我们是否真的幸福，取决于我们对待生活的态度，只要心境平和，就能真正地感受到幸福。

第3章

你需要警惕的——你所做的让你远离了你所深爱的一切，这是最大的惩罚

在我从事心灵教练、教人自我维护、研究幸福之道的过程中，家庭幸福一直是我研究的重中之重。家庭的范围很广，我把亲情、爱情、婚姻都归在家庭之类。我们绝大多数人追求幸福的目的就是让父母、爱人、孩子过上幸福的生活。但是，在追求的过程中，忽略最多的往往就是家人。本节，我将结合当前家庭里最容易出现的几大问题进行分析，向大家传授家庭幸福之道，告诉大家如何获得一个幸福家庭。

第3章
你需要警惕的——你所做的让你远离了你所深爱的一切，这是最大的惩罚

01. 天下最不能等待的事情，莫过于孝敬父母

开篇小谈

在一次培训课上，一位近40岁的学员说他与父母的关系不好，很久没有通电话了。我问他："你觉得什么是孝顺呢？打算怎样去孝顺父母呢？"

这位学员说："尽管现在我与父母的关系不好，但是我知道要孝顺父母，我准备让父母过上好日子，我打算等我经济富裕的时候，在市里面给他们买一套房子，给他们买一辆车子，每个月给他们两千块钱。"

我说："你讲得很好，但是你能保证他们活得到你有出息的那一天吗？"

学员看了我一眼，没作声。我继续说道："本来他们可以活到80岁、90岁，就因为现在你和他们沟通不好，让他们为你的事业操心，心里总悬着，说严重一点，这都可能在减他们的寿。你努力奋斗没错，你将来有一天给他们买房、买车、给钱没错，你争一口气，有钱再孝敬他们也没错，可为什么不能一边奋斗，一边很好地与父母相处，让他们对你的事业放心，让他们少操心呢？"

在课间休息的20分钟里，这位学员拨通了近一年没有给父母打过的电话。

我们常说，养育孩子的过程就是目送他们离我们越来越远的过程。尽管很多父母都能理解并支持孩子去忙事业、忙家庭，然而在内心，父母却一直期盼孩子能够多回来陪陪自己。在成长的过程中，我们每天都罗列了很多重要的事情，而陪伴看望父母却很难成为一件必要事项，认为这件事情不急，因为它可以等。殊不知，我们随意的一个拖延都会让父母的等待变成泡影，

他们默默地承受着无尽的失望和孤独。

情景再现

2009年3月3日，我突然接到妈妈病危的消息。我急忙放下手里的工作，一家三口匆忙赶回家里。坐在车上，我的泪水不止。对于我来说，妈妈是我的天，是我们一家人的调节剂。

然而，当我们回到家时，妈妈还是走了。在她去世的前一周，她还打电话给我，我们在电话里商量今年要带她出去走走，要给她买一件什么样的衣服……

握着妈妈冰冷的手，我号啕大哭，今年春节我在家只待了几天就出差了，如果知道妈妈这样就走了，我一定多陪她几天，带妈妈去做她想做的事。妈妈每天都在交代我，注意身体、小心着凉、不要太累、少熬夜、好好工作……听多了，我总嫌妈妈啰唆。但当她闭眼的那一刻，我才发现，还有很多话来不及听、来不及问、来不及跟妈妈说。妈妈走的时候，没有给任何人留一句话。

很长的一段时间，我们都接受不了妈妈离开的事实，很难走出这种悲痛，爸爸经常哭着说："我都想好了，如果你妈妈不能走，我会用轮椅推着她啊，她怎么就走了。"那种无法挽回的亲情，经历过你才会懂。慢慢地，我们逐渐接受妈妈已经离开的事实，努力活好接下来的人生。

孝敬父母是天下最不能等待的一件事情。亲爱的读者，我在这里将自己失去亲人的心痛经历分享给有缘的你：孝敬父母不能等，要不，就来不及了。当你看到这里的时候，如果父母还在，停下来给他们打一个电话，聊聊当下我们的开心事。虽然父母不一定懂，但他们会特别开心。我一有时间就喜欢给我的老父亲打个电话聊聊天，听到父亲那欣喜的声音，我非常感恩我能明白这些。

前不久，我的一位朋友突然回国，接到他的电话时，我颇感意外。因为他在新西兰已定居十年，全家都办好了移民，工作生活都很幸福。我万万没有想到他会选择回国。

第 3 章
你需要警惕的——你所做的让你远离了你所深爱的一切，这是最大的惩罚

朋友说，他原本计划将父母一起移民过去的，但父母不太适应那边的环境，又担心给他造成很大的负担，坚持留在国内独自生活。而自从朋友办理移民后，每次回国停留的时间都受限制，他说现在父母都年过70岁了，想想自己每年与他们在一起的时间真是少得可怜。

最近他身边的朋友常常接到电话就回国，多半都是家里的老人重病或病故。失去父母的朋友总是后悔莫及，觉得在父母有生之年未能尽好孝道。这样的消息听多了，朋友开始害怕接到家里的电话，他想着自己的父母还健在，他不能再等了，一定要多多陪伴他们走完人生最后的一段路程。

朋友的父母常向儿子打趣说他们是黄土埋到脖子边的人了，多年来朋友虽然努力求学，成为了父母的骄傲。但是他自从18岁到外地读书开始，27年来与父母在一起的日子加起来不足一年。父母渐渐老去，他却没有为父母端过一杯水，煮过一顿饭，洗过一次衣。

父母在，人生尚有归途。朋友决定趁父母健在的时候回国，弥补多年来对父母的亏欠。如果有生之年，他还可以陪伴父母去他们想去的地方，做一些让他们开心的事情，让父母幸福地走完人生最后的旅程，他觉得自己不仅幸福，而且不留任何遗憾。

听完朋友的一番话语，我庆幸他能早早明白这个道理——孝敬父母是最不能等的一件事。

高老师的幸福解析

相信很多人都有以下经历。

填报大学志愿时，我们希望学校离父母越远越好。如愿进入大学，摆脱了父母的管束，我们就像脱缰之马，肆意享受着自由的快乐。一开始还会隔三岔五地跟父母通个电话，熟悉大学校园后，整天奔走在社团活动、交朋友、旅游运动、考试考证等丰富多彩的活动中，有时甚至跟父母零沟通。有不少父母说，我家孩子只有等到没钱了才会打电话给我，所以我每次少给他汇点钱，这样他就可以常常打电话给我们……每每听到这样的话语，我的心都会

一阵阵刺痛。

就这样,在我们的青春岁月里,父母被存放在一个小小的角落。

然而,我们并没有觉得这样做有何不妥。因为我们长大了,有自己的事情要做。于是第一个寒假,乖乖地回家待了几天,就忙着去见那些老朋友、老同学;暑假的时候为了增加实习经历,跟同学一起在外实习打工;第二年,去了更远的地方实习;第三年,谈恋爱了,结伴去旅游;第四年,为考研留校学习;第五年,如愿考上了研究生,但是多数的时间都需要和导师一起考察、研究……总之,我们开始逐渐远离了父母的视线,远离了父母对我们的爱。

有时候,当在街上看到与父母年纪相仿的人,我们也会想起远方的父母,想与他们一起聚聚,然而这件事与工作和学业比起来,大多数情况下我们会果断选择后者,将陪伴父母安排在自己功成名就的时候。

图14　孝敬父母

终于,我们步入了职场,成为一个独立的社会人士。比起学生时代更忙了,从此没有了寒暑假不说,为了打拼出自己的一方天地,披星戴月,生活的主题不是工作就是学习,迫于就业和生存的双重压力,回家看望父母这件事几乎被我们忽略。

当工作逐渐稳定后,我们幸运地遇到了生命中的另一半,此时我们的眼里只有爱人,恨不得把所有的时间都给自己的爱人。接着我们结婚了,有了孩子,建立了自己的小家,在这个小家里我们甚至忘了预留父母的位置,但父母的家里却永远有我们的位置。小家的温馨和家庭的责任使得我们更忙、更累了，回家看父母竟成了奢望，渐渐地变成了"淡忘"，后来成了"大工程"，再后来就成了"无所谓"……

然而，我们可能想不到，有多少个节假日，远方的父母都会静静地打扫着我们曾经的房间，翻看着我们的照片和留在家里的物品，回忆着曾经那个家庭的温馨，流下思念的泪水……

看到这里，你是不是有些难过，感到愧疚于父母？其实就算我们再忙，也是可以抽出时间去看望一下父母的。无论如何也不会忙到一点时间都挤不出来，那不过是我们为自己找的借口罢了。不要等到我们年老了，感同身受后才醒悟到当初的不孝，父母在一天天变老，我们要尽量让他们活得开心一些。

我们完全可以避免"子欲养而亲不在"的遗憾和痛苦。有人曾经对我说，如何判断父母年纪大了，那就是他们变唠叨了，很多容易的事情也不会做了，常常像小孩子一样迷糊和幼稚，这时的父母就像我们小时候一样需要我们的关爱和照顾。

年轻时，他们为了儿女再苦再累也会撑起一片天空。年老了，他们却小心翼翼，生怕做错事会招来孩子的批评，只要孩子一点点的关爱和理解，他们脸上就乐开了花。此时的父母需要并等待着我们的关爱和理解，这是最基本、最朴实的反哺之情，人之常情。

对于父母，我们并非没有孝敬和关爱之心，只是我们常常以为还可以等，还有机会，总希望等到自己成功的时候再去回报他们。然而比起大房子、比起锦衣玉食、比起无尽的等待，父母更希望的是在有生之年，在每一个团聚的日子可以看到自己的孩子，可以与自己的孩子一起做饭、一起聊天，仅此而已。

☀ 高老师的幸福之道

对于父母来说，他们的幸福就是儿孙绕膝的天伦之乐。作为儿女，我们不能让父母在无尽的等待中失望、伤心。我们完全可以避免"子欲养而亲不在"的遗憾和痛苦，所以，从现在开始，就从这一刻开始，孝敬父母吧。

那么，我们到底该如何孝敬父母呢？以下两点是我在多年孝敬父母的经历之中总结出来的，希望能够帮助到读者。

第一，定期沟通，定期资金支持。

若不在父母身边，记得一周打一两个电话，听妈妈唠叨唠叨，听爸爸说说家常话。在节日时记得给父母送上一份礼物，给他们一份惊喜，就像小时候他们操办我们的生日一样用心。春节时，一定要尽可能地与父母团聚在一起，团团圆圆，这是对家中父母最大的安慰。

也许父母可以自给自足，但我们也要根据自己的情况为父母寄些生活费，以让父母得到心理上的安慰。自从我妈妈去世之后，我定期给爸爸寄一些他能用上的物品，也许金额并不多，却能让爸爸感觉到我对他的爱。

第二，协助父母获得健康。

关于如何协助父母获得健康，我经过多年幸福之道的研究，总结出一个秘方，叫"健康3+1"。

一是饮食调节：告诉父母注意饮食，以粗粮、蔬菜为主。

二是心态平和：让父母保持心态平和，不做惹父母生气和让他们操心的事。为了帮爸爸走出妈妈去世的阴影，我经常陪着爸爸散步，在散步的时候和爸爸聊些家常。

三是锻炼身体：让父母适度锻炼身体。对于老人来说，有一个经验之谈是，不要早上锻炼，建议傍晚锻炼。早上锻炼很危险，早上起来，人的生物钟规律是体温高、血压高，而且老人的肾上腺素比晚上高出4倍，如果老人做激烈运动，对健康很不利。

四是定期检查：每年至少带父母检查一次身体，早发现、早治疗，没有问题心更安。

其实孝敬父母是一个谁都会并且谁都拥有的技能。无非就是趁他们体力尚存的时候，陪他们出去走走；在他们身体健康的时候，带他们去体验不同的美食；在他们还能感受到儿女的关爱时，多多关心他们。常回家看看，就算是跟老爸老妈说说话、聊聊天，也会让年迈的父母少一点孤独和寂寞，少一点失望和等待。

第3章
你需要警惕的——你所做的让你远离了你所深爱的一切，这是最大的惩罚

02. 缝缝补补的爱也能照见幸福

开篇小谈

在微博、朋友圈上，我经常看到有人将受伤的婚姻比作衣橱里一件曾经宠爱的旧衣，既穿不出门又没办法丢弃。丢了觉得可惜，穿出去款式又太落伍，放在衣橱里还占据空间，不给新装让路，等待潮流复回却不知道要到何年何月。

对于这个比喻，我看到很多人在下面点赞表示认可。这个比喻虽有几分形象，但我认为婚姻与旧衣有着本质的不同，婚姻历经的是岁月，它承载了两个人相爱相守的时光，旧日温馨的回忆已刻上岁月的烙印。

相信所有选择步入婚姻的人都希望自己以后的生活能够幸福。但是，当有一天我们的婚姻亮起红灯，我们是选择紧急撤退还是给自己准备一段从失落到独立的过渡期？

如今的离婚手续越来越简便，有多少冲动草率的夫妻一纸离婚书从此沦为陌路人，没有迂回曲折的磨炼、没有宽容耐心的修补，当有一天后悔当初的简单和粗暴时，一切都已覆水难收、物是人非。

所以，当婚姻出现危机时，我们可以尝试先让它缓一缓，让时间先来治愈这个创伤。当我们平静下来，客观地看待和分析一切问题，作出的决定才会是理性而客观的，才不至于在未来让自己感到后悔。

情景再现

我有一位邻居，夫妇两人都是退伍军人。转业后，因为丈夫深爱着妻子，他们决定回到妻子的家乡定居。

为了照顾岳母及家人，他们在中心城区专门购置了一套复式楼房，一大

家人幸福地生活在一起。

然而两年过去了，丈夫开始不开心了，岳母常常在家里招待亲友，铺张浪费不说，生活习惯也不好，每天家里就像对外营业的餐厅，弄得男主人完全没有自己的空间。而他的妻子却从不听取他的意见，支持岳母的一切行为，反而责怪丈夫小气。丈夫在家里越来越没有话语权，他开始迷上麻将，将大把的时间花在了麻将室。

接着轮到妻子不满了，夫妻俩因为生活琐事不断争吵，最后发展到闹离婚。但看着正在上小学的儿子，丈夫有些不舍。他找到我谈心，告诉我他的计划，准备一个人回到老家，重新开始。看着40多岁的他，我问他："你真的确定要离婚吗？你是对你妻子不满还是对你岳母不满？"他回答说因为妻子太善良、太孝顺了，什么都由着岳母，他不想再容忍了。

我建议他出了问题需要先想办法去解决，而不是选择斗气，想办法跟岳母分开住，不就可以解决这个家庭矛盾吗？

幸运的是，他采纳了我的劝说和建议，现在一家人生活得幸福又温馨。

☀ 高老师的幸福解析

我们常把婚姻比喻为自己脚上的鞋，当鞋子磨脚的时候，不要先想着甩掉鞋、换鞋。因为这鞋也是有成本的，是我们付出了金钱购买回来的，再说就算是换了新鞋，开始也会磨脚。如果鞋磨脚，可以想办法先处理一下，比如在脚后跟贴上创可贴等。所以，当我们的婚姻出现伤口的时候，先找一张"创可贴"，把伤口贴上，缓冲一下再做决定。

那么，婚姻中的"创可贴"到底是什么呢？其实就是在冲突和问题来临的时候先让自己冷静下来，找到变通的办法，给自己和对方一个缓冲的机会。或许冷静过后，双方进行沟通和交流，就能找到问题的关键，然后解决问题。

爱情初始的滋味，除了激情就是甜蜜，然而再浓烈的激情也会趋于平淡。婚姻的小船最终都会驶入平静的港湾，有些追求激情刺激的人会摒弃婚姻，他们只在寂寞难耐时找个伴侣相互偎依、取暖，不需太久，寂寞过后就潇洒转身。这种自由和洒脱让很多进入围城的人羡慕不已，他们希望自己也可以在婚姻之外寻找激情，重新体会到爱情的狂热，然而他们一旦越过雷池，就不得不品尝它所带来的苦果。

有多少幸福美满的婚姻未能逃脱出轨的魔咒？我们甚至怀疑婚姻里是否还有爱情的存在。当婚姻出现裂隙和危机，我们往往想着逃离，然而还是逃离不了支离破碎的心殇。

出轨后，我们的婚姻怎么办？

由于爱情的排他性和独占性，我们不能接受背叛方的不忠，更无法忍受旁人的非议。无论舍弃还是继续，我们都必须接受伤痛的洗礼。

在婚姻的红灯区，我们陷入两难的境地。该如何爱才能最接近幸福？

婚姻将两个人连接在一起，从此共享风雨，荣辱与共。谁都有出错的时候，如果可以包容又何必选择计较。幸福需要两个人的经营呵护，如果我们始终相携相依，别人的看法就不能瓦解我们。如果我们内心的阴郁恰好与外界的滋扰相契合，那说明这个问题需要让时间去化解。走走看也许会是我们最好的选择，不是吗？

我这样说的意思并非让所有人都原谅婚姻出轨的对方，而是在出现这样的情况时，能够冷静下来，思考一下：你的婚姻是否还有修补的必要？如果有，就算留有痕迹，一样可以使用，最重要的是，这件珍贵的东西还属于我们，而经过这番修补，这处裂痕反而会固若金汤；如果没有，那么请趁早丢弃，去寻找自己的另一片天空。

高老师的幸福之道

当我们的婚姻出现问题时，我们不必锱铢必较，冲动离婚，要学会接受白璧微瑕的遗憾。给自己、给对方一个机会，也给爱一个机会。有时候，"修修补补"的爱也能照见幸福。

至于如何"修补"，经过近20年的探索、实践、验证，我终于找到了一种简单、实用、有效的方法。

第一，默念：对不起、请原谅、谢谢你、我爱你 15～30 分钟。

这个方法就是每天找一个安静、独处的空间，默念自己的名字或让自己放不下的人或事，默念：对不起、请原谅、谢谢你、我爱你 15～30 分钟。

这个方法我自己用过，帮我一次又一次地化解危机。我也将这个方法教给很多有缘的朋友。曾经有一位做珠宝生意的朋友特别兴奋地和我分享：这个方法太有效了。有一次，她和爱人闹了点不愉快，她爱人关门离开了家，把三个手机统统关机，朋友特别牵挂她的爱人，心里非常无助，当她打电话向我求教时，我立刻把这个方法分享给了她。第二天早上通话时，她特别感恩地说：她的爱人已经平安回来，她前一天用了那个方法后慢慢地恢复了平静，放下了担心，好好地休息了一下。

我曾经在授课时遇见一位刚刚失去另一半的女士，她整个人悲痛欲绝，很难走出困境，和儿子的关系非常紧张，当她听到这个方法时，犹如抓住了最后一根救命稻草，好好实践，短短一个月左右的时间，她犹如换了一个人，整个人神采奕奕。她特别感恩地拉住我的手，不住地说："谢谢你，高老师！"

这个方法最核心的地方就是停止抱怨、停止愤怒，用爱来化解曾经的负能量情绪。这个方法是关闭负能量的开关，切换到正能量的频道，打开正能量的开关。这个方法曾经被科学家用来治愈了很多重症的病人和犯人，我们普通人用上这个方法，就可以彻底化解心里的阴霾，轻松过上幸福、喜悦、富足的人生。更多的人学会这个简单实用的方法时，就会让更多人轻松拥有正能量。

这个方法用在夫妻之间，可以让夫妻重新回到初恋的甜蜜，成为一辈子的情人。这个方法让夫妻之间充满了爱和感恩，爱和感恩可以解除夫妻间所有的负面能量。这个方法可以让男人越来越懂得关爱自己的爱人，可以让女人绽放、活出魅力。这个方法让我们拥有始于最初的这份发自内心的爱，能疗愈彼此的心。家和万事兴，内心宁静，夫妻的能量等级就高，身体和事业才会越来越好。这种爱的能量场纯净，会让我们吸引更好的东西到生命中。

这个方法用在孩子身上，可以让我们停止对孩子一味地指责和抱怨，让我们活成爱的使者。孩子最容易接受到爱，当和孩子之间充满这种爱的呵护时，孩子就会打开爱的心门，爱在父母和孩子之间形成庞大的循环，这份爱让家里充满希望、活力和幸福。

这份爱用在和长辈相处，更是一种极大的妙用，我曾经把这种方法用在父母身上，和父母的关系非常融洽和谐，整个家庭因为这个方法变得其乐融融，笑声不断。

第二，发掘对方的优点，用自己的优点来弥补对方的缺点。

以前我们经常盯着对方的缺点看，用自己的优点和对方的缺点去比，这样越比心理越抑郁。当换成发掘对方的优点这种相处模式时，瞬间激活了对方，让对方不断地看到自己闪光的地方，也让自己不断地成长，形成一个相互欣赏的能量场。这样就能打开彼此正能量的循环，生活会越来越好。

最后，请记住：只有经历过百转千回，你才会懂得，中途那些枝枝蔓蔓，需要你与他同在那段时光里披荆斩棘。

03. 为了孩子不离婚，你一定幸福吗

☀ 高老师的幸福解析

去年的一天，我接到一个学员的电话。她曾多次与我进行交流、咨询，这次在电话里她说，她终于离婚了，三年来第一次睡上了安稳觉。

三年前，她发现老公有外遇。她虽然很伤心，但想到近20年的感情，自己也已40多岁，所以一直在想办法挽留丈夫。为此，她不惜一切地讨好丈夫，为丈夫作出改变。但丈夫的心始终像铁一样冰冷，不为所动，于是她想到了离婚。

然而，当离婚的念头一闪而过时，她马上又想起了读小学的女儿。她知道和丈夫离婚，什么都可以割舍，唯独女儿是自己无论如何都不能舍弃的。

虽然丈夫算不上一个合格的父亲，几乎没有完整地陪过女儿一天。但毕竟他是女儿的爸爸，为了能给女儿一个完整的家，她只好含着泪和丈夫过着名存实亡的日子。

只是，她的每一天都像在刀尖上行走，极度痛苦。就在这时，她通过朋友找到了我，向我咨询她该如何解决这样的困境。听完她的叙述，我让她思考三个问题：

问题1：你的丈夫会不会回头？如果会，你需要等多久？你觉得这样的等待值吗？

问题2：你为了孩子选择不离婚，那么你的孩子现在快乐吗？

问题3：如果离了婚，你和孩子会不会更快乐一些呢？

对于这三个问题，我告诉她不用马上回答我，可以回去好好想一想，但时间不要超过20天。

半个多月过去了，她给我打来电话。在电话里她告诉我，她已经决定离婚了，而且越快越好。我问她，你不再犹豫孩子的问题了？她说，这样的生活，不仅我不幸福，孩子也不幸福，只有离开了他，我才能给女儿一个健康的成长环境，才能让孩子获得快乐。

又过了三个月，她再次打来电话对我表示感谢。她说，没有丈夫的一夜不归和无理取闹，如今的她终于睡上了安稳觉，她也不再偷偷流泪。更重要的是，女儿的情绪也好了很多。

最后，她还告诉我，尽管她已不再年轻，但为了孩子她不会再轻易走进一段婚姻，她会努力找到一份工作，给女儿创造良好的生活条件。她还说她加入了一个单亲妈妈的微信群，里面都是一些乐观、快乐的单亲妈妈，她们都曾经受到过伤害，但为了孩子都选择了坚强，如今也都重新找到了幸福。

挂上她的电话，我真的为她感到开心，因为她终于从不幸的婚姻走了出来，不再为了孩子选择无休止的容忍。所以，我想问一问那些为了孩子选择不离婚的人们：为了孩子不离婚，你们真的能幸福吗？

孩子的成长受三方面的影响比较大：家庭、学校和社会。学校与社会往往存在许多不可控的因素，不由我们来决定。但在家庭这个环境中，如何实施对孩子的教育，主动权几乎完全掌握在我们的手中，孩子的许多习惯是在家庭中形成的。因此，我说家庭因素对孩子的影响是第一位的，这正应了"父母是孩子的第一任老师"这句话。

图15　家庭环境对孩子的影响

如果把孩子比喻成一棵幼苗，那么父母就是土壤和养分，而和谐的夫妻关系就是培养孩子最好的土壤。可是现实生活中很多夫妻都是不断地争吵，挑剔对方的错误，甚至打架、暴力、分居，并没有给孩子提供所需的养分和土壤。在这种情况下，幼苗怎么能茁壮成长？

所以，如果是天天争吵不断，无论如何也修复不了的婚姻，那么我的建议是：趁早离婚，为了你和孩子的幸福，这是一个最好的选择。

近几年前来向我咨询的人中，有很大一部分都面临同一个问题——夫妻关系不和谐，想离婚，可是担心对孩子有影响。

对于这个问题，我想我比较有发言权。

情景再现

2015年7月，丈夫向我提出离婚，那一阶段对我的人生来说，是一个很大的挑战。我难以接受自己苦心经营多年的婚姻走到终点，内心痛苦不已，不知道该如何和女儿度过接下来的生活。

然而，让我意想不到的是，女儿在听到我们决定离婚的消息后，冷静地对我说："妈妈，你快睡觉吧，我爱你。"虽然为了不让女儿担心，在我和丈夫的婚姻出现问题时，我们一直避免在她面前表现出来，但她还是看出来了。

对于我和丈夫的婚姻，我很少和女儿谈及。但在我最无助的时候，女儿及时给予我精神鼓励。这种鼓励就像黑暗中的明灯，让我有勇气站起来，也让我有信心面对接下来的困难。

2016年5月5日，我和丈夫心平气和地办理了离婚手续。如今，我已经幸福地拥有了一段新的感情，对方待我体贴入微，最重要的是，他也很爱我的女儿。我相信，他的出现会让我和女儿的生活更加幸福。

所以，我的总结是：离婚其实是一种善行，一种让双方都能珍惜剩余时光的善行，一种让对方重新获得新生的善行。若感情不在了，仅仅是为了孩子死撑，那只是在相互折磨。

高老师的幸福解析

对于婚姻，我的幸福之道是：能缝缝补补的婚姻是可以修复的，如果实在修复不了，那就果断离婚吧。特别是那些被男人抛弃或遭受婚姻困扰的女性，更要为自己离婚后获得新生而感到开心、快乐。这绝不是神志不清的表现，而是一种尊重自己、爱护自己的表现。为什么非要死缠着那个不喜欢你的人，让对方更加恨你，让自己白受折磨呢？至于为此寻死觅活，不仅不可怜，反而很可悲。

不和谐的婚姻中，如果已经出现争吵、冲突甚至分居、离婚，如何把对孩子的伤害降到最低呢？我通过自己近几年的亲身经历，给出以下几点建议。

第一，无论什么时候，对孩子的爱不变。

无论如何我们对孩子的爱都是真的，我们有权决定自己的人生，但是无论今后如何选择，都要一如既往地爱孩子。孩子虽然不得不接受这个事实，内心有些惋惜，但由于他仍然有父母的爱，还可以继续快乐成长。

第二，坦白，尽量对孩子讲清楚。

孩子的心灵是敏感的，有些事即使不说，他们也能感觉到。与其生活在猜测怀疑当中，不如生活在坦诚中，向孩子坦诚表达你们的状态和现状。而且，表达你们不一致的地方，得到孩子的理解，对他的成长也有好处。

第三，绝对不能将责任归于一方。

有太多的夫妻离婚以后指责对方的不是，并且把这种信息传递给孩子，这对谁都没有好处。一味地指责对方只能说明自己还不够成熟。

第四，给孩子见面的权利。

无论两个人的关系有多么糟糕，必须要尊重孩子的权利，履行抚养孩子的义务。在孩子的世界里，他只有一个爸爸和一个妈妈，所以要允许孩子与父母见面，可以创造机会和孩子在一起，让孩子感觉到你的关怀和爱。

04. 先爱自己，才能更好地去爱别人

开篇小谈

在本节的开头，我想问大家一个问题：如果让你把生命中最重要的事或人进行排序，你会把谁排在第一？

是孩子？父母？爱人？事业？还是你自己？

在中国的传统观念里，我们结婚有了家庭以后，大多都不是为自己而活。我们的世界充满了其他，爱人、孩子、父母、事业、朋友等，唯独没有自己。我经常听到有学员对我说这样的话："我现在做的一切都是为了孩子""我的爱人就是我的一切，没有他，我就活不下去了"……

是啊，结婚特别是有了孩子以后，留给自己的生活空间确实愈来愈小。我们没有时间与朋友聚会，没有时间去做自己喜欢的事情，看起来，就像一台只知工作的机器。

当然，我的意思并非是说为了家庭做奉献不好，而是说，在关爱家庭、

孩子、工作的时候，我们不要把自己给忘了。要记住：先爱自己，才能更好地去爱别人。

📎 情景再现

我的一位女性学员，她的丈夫常年在外地工作，她全职在家里照顾孩子和婆婆。在她的辛苦劳作下，每天家里都窗明几净；她精心搭配各种营养餐，用心教导儿子健康成长；在个人消费上，她除了给自己购置最基本的必需品，从不乱花一分钱。

为了节省电话费，她只在有事的时候才跟丈夫联系。再后来，她发现丈夫给她打电话的次数越来越少，即使打来电话，说完家事便无话可说。一开始她不以为然，认为这都是形式，自己这么用心地为家庭付出，丈夫自会感恩。

有一次，丈夫回家探亲，她发现他的电话变得特别多，还老是跑到阳台上去接。趁他洗澡的时候，她在丈夫手机里发现了另一个女人的很多照片，还有那些亲密的聊天记录。她感到痛苦不堪，不知道该怎么办。

通过朋友的介绍，她找到我，向我请教。看着面前这位年龄不过35岁，但头发枯黄、眼袋肿大、皮肤粗糙、身材肥胖、一身过时的宽大旧衣服的女人时，我立刻明白了缘由。

我没有急着跟她讲什么大道理，而是问她："你有多久没照镜子了？"

听完我的问题，她显得非常惊讶，停顿了一下，回答说："好久了，自己也记不清了。"

于是，我从包里拿出一面小镜子，递给她说："你先好好地看看你自己。"

她接过镜子，看了一眼，震惊之情溢于言表，然后迅速放下镜子。看到她的动作后，我对她说："你看，你自己都不爱自己，何况别人？"

从我这里回去后，她没有跟丈夫谈及她发现的秘密，而是告诉丈夫，她要重新回到职场。她开始积极健身减肥，精心护理肌肤，主动联系老朋友，同时开始学习，为重回职场做准备。

半年后，当她约我再次见面时，我几乎认不出她来。坐在我面前的她，容光焕发，穿着时尚得体，浑身散发出自信，我想如果我是男人都会被她迷住。她对我再三表示感谢并告诉我，现在的她有了一份满意的工作，有了自己的社交圈。因为怕她"走掉"，丈夫自己努力调回北京工作，天天回家陪着她和孩子。对于丈夫手机里的秘密，她一直没有说破。

最后，她告诉我，她现在很幸福。

高老师的幸福解析

不管是婚姻还是爱情，我们最容易犯的错误就是：喜欢付出，乐于牺牲，以为只有这样爱人才会感动，才会更爱你。

现在我想告诉大家这是一种错误的幸福理念，不管是男人还是女人，在任何时候，我们都不需要为了爱而失去自我。先爱自己，才能更好地去爱别人。只有自己爱惜自己、尊重自己，才能令他人欣赏自己、疼爱自己。

当然，我这里说的爱自己并不是自私自利，只顾自己享受，置他人于不顾。我说的爱自己是指懂得适时地关心自己，呵护自己，为自己而生活。

高老师的幸福之道

对于婚姻和爱情，我的幸福之道是：先爱自己，才能更好地去爱别人。

如何爱自己才是正确的方式，我提出以下三条建议，供大家参考。

第一，随时关注自己的形象。

"爱美之心人皆有之。"虽然很多人宣称，自己并非"外貌协会"，然而，在爱情中，美还是占据了很大的比重。如果女人因为婚后生活的忙碌而熬成了"黄脸婆"，男人因为家庭责任的压力而熬成了"邋遢大王"，让对方看到了自己糟糕无比的形象，那么，我们在爱人心目中的地位和从前就会大不相同。

因此，我们要想在婚姻里永远拥有幸福，就要学会善待自己，在照顾家庭和经营事业的同时照顾好自己,让自己的婚姻生活更加幸福,更有情趣。随时关注自己的形象,比如时常换一个漂亮的发型,添置几件新衣服,买几条合适的领带,甚至换一种牌子的香水,享受变化着的生活,跟随时代的步伐前进。这时你会发现,保持爱情的长久也可以是一件容易的事情。

图16 关注形象

第二,不为家庭盲目放弃自己的一切。

为自己而活的人,不为了家庭而盲目牺牲自己的事业、朋友、学业等,更不会做一厢情愿的无谓牺牲,不放弃自己的梦想。

其实,一段幸福的婚姻生活最在乎尊重和平等。即使再相爱的两个人,也有你我之分。当我们静下来的时候会想到,除了爱情,还有很多东西值得付出。我们的人生也因为有了这些东西,才更加丰富多彩,更能体现人生的价值。爱人也会因为我们的丰富多彩而付出更多爱。

第三,付出的同时永远不忘学会要求。

爱是奉献,这没有错,不过,爱人却并不会因为你爱了他(她)多少,为他(她)付出了多少而回报同样的爱。只有做到自尊自爱,才会得到爱人的尊重,从而得到真正的爱情。因此,在付出的同时,也不要忘了要求。

在婚姻与爱情中,我们要学会适当地"要求",学会向爱人"要求"你想要的东西——当然要记得向对方表示感激和赞赏,而爱人一般都很愿意让自己所爱的人满意。

05. 不想真分手，就不要拿离婚来玩火

开篇小谈

去年，我在新浪微博上看见一篇名为《夫妻间最伤人的5句话，你说过几句》的文章，出于好奇，我看了看下面的留言，发现大部分读者坦言，自己与爱人吵架、有矛盾时，都冲动地说过"离婚"两个字。

我在研究家庭的幸福之道时，深知夫妻两人动不动就说"离婚"，确实挺伤人的。但它的杀伤力究竟有多大，我的确没什么概念。然而，就在上周，有一位朋友用她的亲身经历证明了它的"威力"。

情景再现

上周四，朋友约我吃饭，当我落座后，她无比伤心地对我说："我离婚了。"听到这个消息，我感到非常震惊。虽然她一直向我抱怨丈夫的各种不是，但在我看来那都是无关痛痒的小事，是每个家庭都会存在的问题。怎么就突然离了呢？

接着，她向我讲述了事情的缘由。

原来，朋友与丈夫这次离婚也是源于一件小事。在朋友与丈夫谈恋爱时，只要有矛盾，朋友就会说"分手"，然后丈夫就会过来哄哄她，两人和好如初。后来两人结婚了，同样，只要有矛盾，朋友就说要"离婚"。丈夫已经习惯了朋友天天说"离婚"，他知道只要他主动哄哄她，也就过去了。

而朋友呢？说"离婚"也并非真的想离婚，她只是想要以此震慑、威胁丈夫妥协而已。可就像狼来了的故事一样，朋友的丈夫很快就对这招免疫了，甚至觉得有些不耐烦。就在上周三，两人又为一件小事吵了起来，朋友脱口而出："离婚。"朋友的丈夫很不耐烦地顶了回去："离就离，谁怕谁呀！"

看见丈夫这次竟然没有像以前那样哄她，朋友更来劲了："行，我们现在就去。"说完，两人拿着结婚证到民政局办理了离婚手续。

朋友向我说完这一切后，拉着我的手哭着说："我该怎么办啊？我根本不想离婚，他怎么这么狠心啊……"

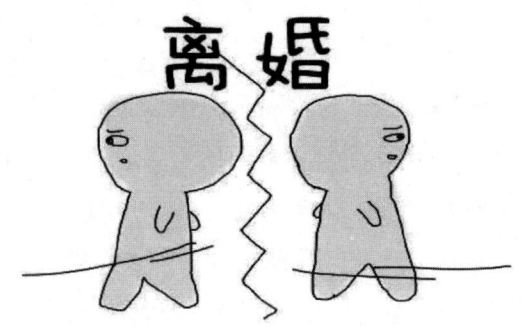

图17　不要随便说"离婚"

看到朋友如此伤心欲绝，我一时也找不出好办法去帮助她，只是抱着她默不作声。他们都是成年人，我想，等他们冷静下来后，会按照自己的方式重新面对这件事。只是，我希望她以后能学会如何经营婚姻，如果不想真分手，就别拿离婚说事。

说实话，这件事对我的触动挺大的。以前，我总是在培训课上或向前来咨询的学员传授家庭的幸福之道，关于不能随便说"离婚"，我也曾给学员们讲过。但这还是我第一次真正体会到"离婚"真的不能随便说。

高老师的幸福解析

通过这件事，也让我对随便说"离婚"有了新的体悟。

两个人走进婚姻的殿堂，原本以为生活就是琴棋书画、举案齐眉、风花雪月，殊不知生活是世俗的，两人的生活习惯、兴趣爱好、价值观都会有一定差异。都说时间长了，牙齿和舌头都会打架，更何况是朝夕相处、思维方式迥异的男人和女人。

夫妻在磨合期少不了"刀光剑影"和"唇枪舌剑"，遇到分歧，夫妻双方都会有憎恶对方、放弃婚姻的念头。然而婚姻不是儿戏,婚姻中吵闹本属正常,可一旦红脸就搬出"离婚"二字威胁对方,则是极为危险和伤害感情的做法。

其实那些把离婚挂在嘴边的人,内心是最不愿意离婚的。他们之所以爱拿离婚说事,只是为了引起对方的重视,让对方关注到他们的不满和委屈,更想用离婚来验证自己在爱人心目中的分量。他们的目的本来只是让爱人向自己道歉,哄哄自己。

也许这样的伎俩在刚开始时会有一定作用,出于珍惜,对方会向你服软。倘若你恃宠而骄,老是故技重演,对方有可能会在失去自尊中恼羞成怒,继而真的拂袖而去。

所以,如果不是真的想要分开,就不要拿离婚来玩火。

高老师的幸福之道

据说,婚姻中我们会有1000次以上的念头想掐死对方,这说明冲突和矛盾不可避免。但是这样的念头并没有被付诸实施,那是因为绝大多数婚姻里的双方,用爱和包容化解了这些矛盾。所以,相爱的两个人如果只是一时负气、争强好胜,千万不要随便拿离婚说事,以离婚来要挟对方是幸福婚姻的头号大敌。

幸福的婚姻要经营,需要双方最大限度地包容和接纳对方。婚姻更是一种责任,需要双方用爱心、关心和信心去共同战胜人生路上的风风雨雨,相濡以沫、同甘共苦、关爱对方这些都是经营婚姻的法宝。

那么,经营幸福婚姻的具体法则是什么呢?在这里,我传授给大家4条经营婚姻的法则,希望能够帮助你获得婚姻的幸福。

经营幸福婚姻的法则第一条是信任。

爱人是伴侣,是亲人,是陪伴我们最久、离我们最近的人,因此,信任对方是最关键的要素。若身边人都不值得我们信任,都要相互猜忌,那家庭就不会是我们心灵休憩的港湾。所以,不要让猜忌来破坏幸福的婚姻。

经营幸福婚姻的法则第二条是换位。

婚姻是两个人的合作和沟通，是一个共同体。因此，我们在这个团体里，就要学会关注对方的感受，不能凡事以自我为中心。凡事多站在对方的角度去思考，多顺着对方的想法去感受，我们说的话、做的事就能得到对方的认同和响应。

经营幸福婚姻的法则第三条是沟通。

相互沟通是经营婚姻的一个关键要素。床头打架床尾和、夫妻不记隔夜仇，这些就是指夫妻双方要及时沟通，不可因冷战和隔膜引起无谓的误会和矛盾。

经营幸福婚姻的法则第四条是慎重。

既然成家了，就要共同努力把家庭建设好。遇到问题要慎重处理，不可莽撞，不可冲动，要大事化小，小事化了，只有这样才能让家庭的小船停靠在平静的港湾。

经营好婚姻是人生的重头大戏，只有安身方能立命。婚姻中出现了问题，不妨认真对照以上 4 条法则反思自己，相信你可以做得更好！

06. 低质量的婚姻，不如高质量的单身

情景再现

我有两个非常要好的朋友，虽然都是"大龄剩女"，但她们对待婚姻的态度截然不同。

小芳自从迈入 30 岁后，成了一个不折不扣的"恨嫁族"。每天除了相亲，就是向身边的人讨教婚姻和持家之道，真可谓万事俱备，唯缺老公。

起初，小芳对另一半有着清晰的标准，从生肖星座到身高体重，然后是言谈举止、职业发展、家庭背景、性格品行等，她都能如数家珍，细细道来。对她在择偶方面的理性和客观，我一度非常赞赏。

第3章
你需要警惕的——你所做的让你远离了你所深爱的一切，这是最大的惩罚

然而，自从她过了30岁后，我发现她是真的急了。她告诉我，女孩到了这个年纪，如果还没有结婚，身边的人总会带着异样的眼光看她，似乎她就像超市里不新鲜的青菜，即使有人买也得被挑三拣四。

看着身边的朋友陆续脱单，走进婚姻的殿堂，小芳越来越慌。她开始降低自己的标准，希望在35岁之前把自己嫁出去。

有一天，小芳约我，告诉我她要结婚了。我惊呼："速度如此之快？都没听你说过谈恋爱的事，以为你还在相亲呢！话说回来，你跟谁结婚？"

小芳告诉我，这位结婚对象，在她相亲的近百人中算是比较适合的。有些人虽然和小芳合得来，但没有经济基础；有些人虽然条件不错，却看不上她。这位虽然年长小芳15岁，但有房有车；虽然离异，但没有负担；其他方面虽然感觉一般，但还算不上讨厌。所以小芳就决定跟他结婚了。

听完小芳的叙述，我问她："你爱他吗？"

小芳看了我一眼，无奈地摇了摇头："这年头，哪有什么爱不爱的，我只想快点找个人结婚，爱不爱以后再说吧。也许，我们以后会培养出爱情。"

看到她眼中的闪烁，想到她原来坚持寻找真爱的决心，如今却败在年龄的面前。作为朋友，我握着她的手说："你为何不再等等，找到合适的、喜欢的他，然后一起努力，共同去创建一个美满幸福的家庭呢？"

小芳眼神闪躲地告诉我，她不想再等下去了，她感觉自己已经耗不起了，不想成为别人眼中异样的剩女。甚至做好了最坏的打算，那就是万一合不来，就用离婚来解决。

小芳是个说一不二的人，他们的婚礼办得很热闹，一对新人看起来很幸福，我只能祝她"新婚快乐"了。

一年后的一天，小芳打电话告诉我，她离婚了。原因是丈夫是个表里不一的人，在外面待人和气、温顺有礼，在家里却对她大呼小叫，从不做家务，更不会体贴人，生活习惯极其不好，她实在难以忍受，对方也受不了她的挑剔。他俩跟决定结婚时一样果断，做好财产分割，仅花了9元钱就迅速办妥离婚手续，友好地分了手。

小芳说她没想到不合适的婚姻比单身生活更让她感到痛苦，真是喝口凉

开水都会塞牙,现在终于回到了单身生活,她感觉特别安宁。不过这一次,她成了一名离异的"剩女"。

高老师的幸福解析

硬将两个不相关的人绑在一起,将婚姻的幸福寄希望于婚后的磨合上,那这场婚姻十有八九是不幸福的,还会白白耽误别人。

在我的身边,小芳这样的并非个例。我经常看到好多人,不管男女,年纪到了 30 岁就乱了阵脚,着急结婚。有的姑娘,连恋爱都没谈,就匆匆忙忙把自己嫁了出去。有些小伙儿,甚至连姑娘长什么样都没看清,就跟对方结了婚。这样的婚姻,几乎与幸福无缘。

图 18　过好单身的每一天

我想说的是,婚姻不是打扑克牌,重新洗牌需要付出巨大的代价。我们每一个人,不管年龄多大,家人怎么催促,都要慎重对待婚姻。有时,单身反而会让我们拥有一种自信和诚实。

我的另一位朋友盈盈,她曾是一名"骨灰级剩女"。面对家人和亲友的不断催婚,盈盈只是笑着对家人说:"不要急嘛,我会努力的。"

她说她等待了这么多年,就是想找到一个合适的人,不想将就,到了现在这个年纪,更不想凑合委屈自己。

在没有爱情的世界里，盈盈把自己的生活安排得丰富多彩。对待工作她努力认真，在业余时间不是学习充电，就是做一些自己感兴趣的事情。对她来说，谈恋爱、结婚是生活中很美好的一件事，但不是生活的全部，她想让自己每天都过得充实、开心，她相信有一天爱情一定会水到渠成。

幸运的盈盈在35岁那年终于等来了她的"白马王子"，对方是一位博士后，学成后在一家军工企业做科研，儒雅内敛、彬彬有礼，盈盈说他有80%的特征都符合她的择偶标准，最重要的是他们有着相似的价值观、生活习惯和兴趣爱好。

在谈了一年多的恋爱后，盈盈结婚了。婚后，两人恩爱有加、相敬如宾，过上了幸福和谐的家庭生活。

盈盈在高质量的单身中努力活出自己想要的样子，才能遇见更高质量的婚姻。

所以，幸福的婚姻是爱情的延伸，相爱的两人携手共同分担婚姻的责任，同甘共苦，相濡以沫。如果把两个没有感情的人硬凑在一起，双方都会因为没有"爱"的支撑而斤斤计较，把婚姻当成束缚自己的枷锁和负担，这对两个人来说都是一种折磨。这样低质量的婚姻，当真不如高质量的单身。

高老师的幸福之道

对于婚姻的幸福之道，我一直坚定地认为，不管是谁，都应因为爱情而选择结婚，这是婚姻最好的模样。我们爱对方，愿意与对方共同经历风雨，面对柴米油盐的平凡生活。于是，我们一起努力构建一个家并拥有爱情的结晶，一生一世，相濡以沫，白首不相离。

对于婚姻，我更希望大家是一个完美主义者，永远保持执着，始终相信在我们的生命中会有一个爱你的人在走向你。

在这里我想告诉大家的是：婚姻这件事，需要机遇、缘分，更需要积累。机遇和缘分是天定，而积累就要靠我们自己。当我们单身的时候，是最佳的积累期，如果想拥有一个完美的婚姻，那么就先提升自己。

对于那些大龄青年，我想要说的是：千万不要因为任何原因走进一段没有爱的婚姻。同时，对于那些既成事实的错误婚姻，我也希望你能够果断地放弃，与其在不适合你的婚姻里痛苦，永远与幸福无缘，还不如果断转身，过好自己的生活，寻找真正的幸福。

第4章
你需要学习的——做人能不能少点套路，多点真诚

关于做人，我的幸福之道是：为人处世，我们可以留一点心眼，这无可厚非。但我们不能处处都是心机套路。很多人把世界想得很复杂，其实，这个世界很简单，复杂的只是你的内心。所以，怀着真诚的心做人，就是对这个世界、对自己最大的尊重。

第4章
你需要学习的——做人能不能少点套路，多点真诚

01. 我们能不能少点套路，多点真诚

📎 情景再现

在我大学毕业刚刚接受联邦企业的培训工作时，一位资深的培训同行告诉我，对学员进行培训要有套路，这个套路就是先以一个小故事引入，每隔几分钟抖个包袱，把自己经历的困难放大，让学员笑中带泪。然后，学员把我当成他们心目中的神，我就成功了。

当时的我，真的把这位同行的话听了进去。

于是，为了让我的培训课变得"高大上"，我花了很多的精力找段子，编段子，讲段子。按照这个套路进行了一段时间，慢慢地我能把这些故事串联起来了，学员们不仅听得津津有味，时不时还爆发出一阵阵掌声。有段时间，我甚至还借鉴了"金字塔原则"来让我的演讲稿听起来十分有格调。

通过对这些套路的熟练掌握，我在联邦企业的培训课取得了不错的成绩，员工们很喜欢我，我也有了自己的粉丝。

两年下来，我的确取得了不少成绩，但是总觉得哪里不对，又不知道怎么改进。虽然我没弄清楚问题到底出在哪里，但我依然决定改变自己。

于是，我向我的导师请教，他问我："你为什么不选择讨巧的哭穷卖惨加抒情路线，而是选择当今社会一些严肃的话题？"

我回答他："大多数培训师的套路是告诉大家自己有多优秀，自己的成绩有多辉煌。可是学员听完会觉得我很优秀，可能他们这辈子都无法达到我的高度，算了，放弃吧；也许还有人会觉得你少装了，你再牛跟我有关系吗？"

那一年，我依然没多大改变。说实话，就算我一直"炒冷饭"，同一个套

路用很久，学员们依然会买账。

2015年的一天，我旁听了一位名师的培训课，受益匪浅。这位老师并没有按照套路来，而是在课程的一开始就坦言自己的思维存在局限。他说他在上大学时，为了挣学费减轻父母的压力便进入了培训这个领域。

他说他的梦想是传播中国之声，他想有朝一日站在联合国的发言台上向全世界宣讲中国的崛起。如果他当初及时退出培训行业，也许今天已经实现了这个梦想。目标完成就会产生倦怠，今天所谓成功者的角色一次又一次跟大家分享十年前的故事。

在这次培训课里，他告诉大家，年少得志固然幸运，但又何尝不是一把禁锢自由的枷锁。全新的演讲，大胆真实的自剖，让现场爆发了雷鸣般的掌声。

那个晚上，我跟朋友说起这位老师对我的触动，她一句话点醒了我——从高手到绝顶高手，你要战胜的只有你自己。

☀ 高老师的幸福解析

确实如此，我早就知道我不能再躺在功劳簿上吃老本儿了，但是一直不敢表达自己的观点，我害怕大家不会为我的新模式买单；我害怕讲自己的真实经历，讲得不够精彩；我甚至害怕面对我自己不够精彩的过去，这样的我如何有资格给大家培训？我习惯了各种套路，因为学员们喜欢，仅此而已。

但是，这种热闹只是暂时的。热闹过后，我留下了什么？也许，走出课堂大门时学员们就忘了我说的话，更别提传播我的幸福之道理念了。

还有一些社会经验十分丰富的学员，几分钟就能听出我故事的漏洞。比如一些创业节目上，有的创业者声情并茂地讲着自己的创业故事，什么自己发现市场上没有同类型产品，发现商机，毅然决然辞去年薪百万的工作去创业啦，什么自己白手起家一天只花5块钱生活费啦。

仔细想想，难道你创业打通销货渠道不要钱？做广告不要钱？租办公室不要钱？一旦学员发现了我的漏洞就不会再相信我的话了。

于是，我换了新的培训内容，不再跟大家说要想幸福就要努力奋斗，我是怎么成功的；更不会夸大其词地说我如今的生活多么富裕、多么充实。

图19 少一点套路，多一份真诚

我会老老实实地跟我的学员们说我这一路走过来的经历，相信你们也可以做到；在我最失意的时候我是怎么度过的，你也可以；无论你的条件怎样，你都有资格走出去看看这个世界。更重要的是，在漫漫人生路上，我们需要一步一个脚印地负重前行，如何做一个自律的人，如何管理时间，如何处理人际关系，以及如何在职场上游刃有余。

我把自己走过的弯路、吸取的教训全部告诉大家，如果学员能从中得到一点点启发，我就很满足了。比起现场的掌声和欢呼，那束照进你内心的光，对我来说意义更大。

真诚也好，勇敢也好，我大部分时间是在固执地走自己的路。我想，不管我以后是否从事培训师这个行业，只要认真做事，真诚对人，一定能做得很好。就算没有掌声，就算被人误解，也千万不要放弃。

做人的前提是真诚，真诚是一股强大的力量。假如每个人都能少点套路、多点真诚，那么离真实的幸福也就不远了。

高老师的幸福之道

我们大多数人总是把世界想得很复杂，其实，这个世界很简单，复杂的只是你的内心而已。所以，怀着真诚的心做人，就是对这个世界、对自己最大的尊重。

现在的我，去过无数个城市，见过形形色色的人，结了一次婚，离了一次婚，有一个孩子，我用自己的脚步丈量着人生，体验不一样的经历，也收获了一些人生经验。这些经验不是真理，却让我从套路中解脱出来。希望我的这些经验，能够帮到你。

第一，你不必对谁特别好，也不必对谁特别不好。

俗话说："物以类聚，人以群分。"任何群体的人际关系都不能脱离"三三制"，"三三制"具体到个人就是三分之一的人对你很好，三分之一的人对你一般，剩下三分之一的人很烦你。因此，我们没必要对每个人都很好，也不用对每个人都敬而远之，好的继续来往，中立的要积极争取，而讨厌我们的人，就不要太计较了，这样才能避免被人利用。

第二，做人不要盘算太多，顺其自然就好。

为人处世不要太精明，也不用拼命要求他人。这好比我们握在手中的沙，越想抓紧，反而流失得越多，最后什么都得不到。摈弃杂念，张开双臂，就会发现我们在拥抱全世界。有句古语希望大家记住："命里有时终须有，命里无时莫强求。"

第三，依靠别人，远不如相信自己。

想要做一个有思想、有责任感的人，就要先明白，依赖别人不如相信自己。这个社会充满了形形色色的人，每个人都有自己为人处世的方法，只要我们尽力了就不必为不受重视而感到伤心。做任何事，端正心态很重要，有机会就多做一点，没机会也不必沮丧。要知道，为自己做再多的事情也不过分，不管人生的际遇怎样，努力永远都是对的。

第四，不要压抑自己，也不要奉承巴结。

出身的差异、地域的不同等因素，造成每个人身份的差异。一个高傲的人，不管我们怎么尊重他，他都不会跟我们来一次平等的交流，我们的尊重在他的眼里也许是巴结，也许是有求于他，只会让他把我们看得更轻。不管出身低微还是处境艰难，永远都不要寄希望于他人礼遇。该做就做，该说就说，只要有骨气，自然不会被看不起。人都要活出自己的尊严。

02. 发朋友圈的时候，请不要浪费别人关注的时间

高老师的幸福解析

在我的微信上，经常会收到这样的消息：

"亲，朋友圈第一条帮我点赞，谢啦！（笑脸）"

"亲，耽误你一分钟，帮我的宝宝投一票吧，75号哦，多谢多谢！（笑脸）"

每当看到这样的消息，我都发自内心地反感。点赞我尚且能够接受，但是投票我实在是忍不了。点开链接、关注公众号、投票、再取消关注，这一系列动作实在是太浪费时间了，对我来说没有一点意义，真想把这些人拉黑。

我有个同学，非常喜欢发这类消息。一天，我终于忍不住了，给他发了这样一条消息："我觉得你这样做不仅自贬身价，还浪费别人的时间，别人为什么要帮你投票。如果是熟人，卖个面子就算了，交情一般的人，一定会很反感你。"

微信就像是一个人的网络身份证，如果我们想快速地了解一个人，最好的办法就是加微信，然后，打开他的朋友圈，就能了解个八九不离十了。分享的内容代表我们的思想立场，发的图片透露了我们的审美，如果转发"不转不是中国人"，那只能说明你和"5毛钱特效"没有什么区别。

我们发朋友圈，都是想获得关注，这是人的天性，我们要尊重天性。假如我反对这些、否定这些，那岂不是泯灭人性？这个帽子似乎太大了。

想让别人看我们的朋友圈，就拿出点诚意来吧，因为别人关注了我们，总不能什么都得不到吧。

互联网时代，什么最宝贵？流量！关注就是流量，流量就是金钱。为什么互联网公司愿意拿几个亿发红包，不就是让我们为了钱多关注它们吗？

做微商、代购的在朋友圈发点广告,这无可厚非。但是麻烦大家走点心好吗?广告文案语句通顺一点、错别字少一点好吗?代购的食品、彩妆图片像素高一点好吗?我最反感的就是那些毫无营养的、复制粘贴、天花乱坠的文字。加上一天十几条的刷屏,不仅毫无审美,还极其浪费时间,于是我选择屏蔽。

不是我拉黑了他们,而是他们的做法拉黑了自己。

我经常在网上看到有人攻击那些炫富嘚瑟的女孩儿,说她们是"绿茶婊",我虽然不敢苟同她们的世界观。但是,在充斥着垃圾广告的朋友圈,看看这些美景豪车、美女美食也是赏心悦目的。毕竟工作一天已经够辛苦了,看看这些美图也能放松自己。

📎 情景再现

我有一个粉丝,每每在转发我的朋友圈文章时一定会附上他的转发理由,获得共鸣也好,意见相左也罢。我喜欢和他交流,因为这是思想的交流。同时,写上我自己的评论也是对其他读者的尊重。这些细节是对个人品牌的一个很好的背书。

因此,我想说的是:如果我们发朋友圈,请发出诚意、发出水平,请不要辜负别人关注的时间。

我除了写文章外,业余时间也关注了一些有趣的公众号。我发现,有的公众号还提供有偿陪聊的业务,五十元一小时。我觉得好笑,这也是一个商机啊,我特别理解这种谋生方式。陌生读者给你留言:"你好,我现在很迷茫,但你的文字好像给我指引了方向,我能和你聊聊吗?"广告商联系你:"你的公众号很有趣,流量很大,我们想投广告,能向你咨询一下吗?"

如果我说没时间,好像是在耍大牌,也会失去这个粉丝。如果我说行,聊天就是个无底洞,一旦免费,那就别想做其他的事情了。所以,我特别理解有偿陪聊的做法,况且,一小时才五十元,简直是业界良心。

第4章
你需要学习的——做人能不能少点套路，多点真诚

图20　不要浪费别人关注的时间

不管什么行业，只要涉及专业知识或信息诉求的咨询，都是要付费的，因为他们就是用自己的专业获取金钱，这是合理的劳动所得。我们都知道麦肯锡、波士顿、贝恩的咨询费有多贵，我们都认可对产品付费，却不太愿意接受对知识服务付费，还停留在空手套白狼的小农阶级思想阶段。

随着我的业务量越来越大，想要咨询服务的人与日俱增，尽管有工作人员帮忙，但我依然忙不过来。这时我就必须忍痛舍弃一些业务，放弃一些小客户，专注大客户。这也是被逼无奈，业务一多就很难面面俱到。真的不是我骄傲，而是心有余而力不足。

之前工作人员在微信上向我汇报工作的时候，我经常连续收到几段语音，她想到什么说什么，毫无章法可言，可见她并没有打草稿，汇报的内容也没有整理。我告诉她："以后汇报工作尽量在一段语音的时间内说完，说之前先在脑子里过一遍，打好草稿，记不住就写下来，不要浪费我们互相的时间。"

记得有个朋友跟我说："有句话说得好啊，如果能用钱解决的事情，就尽量不花时间，我现在就是这样。"以前我对这种观点嗤之以鼻，现在我无比赞同。

有时候，我也会给我的"爱豆"，就是那些段位比我高出一大截的"大咖"发微信请教问题，基本上都如石沉大海。如果获得了回复，我就像拿到压岁钱的孩子，开心不已。我不怪他们高冷，而是这些"大咖"真的没有时

间。唯一的办法就是让自己变强大，变得跟他们一样有价值。到那一天，他们一定愿意跟我喝茶聊天。

到那时，他们不会觉得跟我聊天是浪费时间，而会觉得是一件十分有意义的事情，能让他们心甘情愿地坐下来和我聊聊理想、谈谈人生、品品清茶。

我坚信，尊重对方的时间就是对对方最大的尊重。

高老师的幸福之道

我现在发朋友圈都十分谨慎，也许一不小心就暴露了自己的无知浅薄，贻笑大方。所以，我建议大家，请不要再在朋友圈发一些类似求点赞、求投票的信息，这除了降低你做人的格调，没有一点儿好处。发朋友圈的时候，请不要浪费别人关注的时间。这是你时刻需要谨记的。

至于如何发朋友圈，我无法提供给大家一个详尽的方法，因为我不是一个策划人员，对于文字的驾驭能力也有限。我只想把这个做人的幸福理念告诉你，如果你实在想优化自己的朋友圈，可以去向一些成功的微商学习，或关注一些好的公众号。

03. 百般算计不如一颗单纯的心

开篇小谈

我们这一生都在追求幸福，但是大多数人并不知道什么是幸福，如何追求幸福。在很多人心里都有一个小算盘，拨得啪啪响，拼命获得自己想要的东西。但往往事与愿违，要不就是"偷鸡不成蚀把米"，要不就是目的达到了，但自己并不幸福。

究其原因，在于心思太复杂，总是在算计。其实幸福是很纯粹的，不用这么复杂。

第4章
你需要学习的——做人能不能少点套路，多点真诚

📎 情景再现

在我众多女性朋友中，我最欣赏的就是晓琳。原因只有一个，晓琳很单纯。晓琳的单纯不是无知、幼稚，缺乏阅历。恰恰相反，她今年才35岁，就经历了双亲离世、男友劈腿和工作失意，但她并没有被无情的岁月摧残成"祥林嫂"，而是保持初心，用美好的眼光看这个世界。

有时，我们几个朋友会小聚一下，话题的中心总是围绕着家庭的琐事。有的朋友和丈夫吵架了，就问刚结婚不久的晓琳："你跟你老公吵架了怎么办？"晓琳微微一笑说："我和我老公没吵过架，我觉得没什么事情值得吵架的。"

"那你们就没有意见不统一的时候吗？"朋友感到很不可思议。

"当然有，不过也没必要吵架吧，两个人坐下来好好商量不就好了吗？"晓琳说。

"道理我都懂，但我就是控制不住啊，我老公有时候真让人火大。"

晓琳喝了一口咖啡，接着说："你们吵架，一般都是谁吵得赢啊？"

"肯定是我啊！"朋友得意地说。

"那你赢了，你高兴吗？"

"不高兴，就算赢了我也得跟他呕几天气，不想理他。"

"就是说啊，吵赢了你不高兴，吵输了，那问题更严重。既然如此，为什么还要吵呢？女人要学会控制情绪，自己开心最重要，心里开心，人自然而然就精神了。"

晓琳看似简单的几句话，让我和在场的人都受益匪浅。

☀ 高老师的幸福解析

生活中，我经常听到有人谈及如何在家中掌握财政大权，如何抓住丈夫的心，大家都仿佛有三头六臂，经验丰富。有的说每天打扮得漂漂亮亮的，

还有的说偷看手机聊天记录，只有晓琳什么手段都没有。有的朋友说她傻，有的朋友为她担心。

图 21　单纯的幸福

晓琳淡淡一笑说："夫妻之间还是少些心眼为好，我们要做好自己的本分，照顾他、爱他就好了。剩下的就是享受家庭生活的乐趣，有问题就解决。日后的事情，就放到日后解决吧，现在想这么多有什么意义呢？"

朋友不以为然，对她说："你可真是太傻太天真了，生活哪有你想得这么美好，多留个心眼儿总是好的。"

"《红楼梦》你们看过吧，王熙凤怎么样，够精明吧，最后呢，曹雪芹怎么说来着，'机关算尽太聪明，反误了卿卿性命'，我宁愿活得简单一点，只要真诚对人就好。"晓琳还是面带微笑，散发着空谷幽兰的气质，让我深深地佩服。

相对于复杂的人，单纯的人更受欢迎。他们高兴就笑，难过就哭，喜怒哀乐都写在脸上。复杂的人就像戴着面具，让别人看不透，不愿与之亲近。

幸福好像特别青睐单纯的人，他们心思澄澈，有一双善于发现美的眼睛。这就好比常吃味道重的食物，味觉就没那么敏感了，而口味清淡的人，只要有一点点小小的变化，就能体会出其中的滋味。

所以，做一个单纯点的人吧，哪怕"傻"点，不斤斤计较，能及时把痛苦放开，不记恨，不自怜，光明磊落，用真诚的心待人，这样的人生一定会幸福很多。

☀ 高老师的幸福之道

关于做人的幸福之道，保持一颗单纯的心是我经过多年研究和观察得出来的结论。有读者问我："高老师，如今的社会如此复杂，我们如何保持单纯的心？"

我无法改变一个人的心，但我可以教给你一些审视自己心灵、让心灵纯净的小技巧。

第一，为人处世要简单。

把简单的事情变复杂是愚蠢的行为，聪明的人会怎样呢？当然是把复杂的事情变简单。用最简单、最直接的办法为人处世，能避免产生不必要的误会，排除心中杂念，一切就豁然开朗了。

第二，用成人的眼睛看世界，用孩子的心灵对世界。

我们都知道，孩子的世界是单纯的，在他们的世界里，没有大事小事的区别，他们对待每一件事都是认真的，他们不懂如何判断哪些人对自己有利、哪些人有害。只要他们喜欢这个人，就会真心对待。

我们要学会用成人的眼睛看世界，以成熟的态度与人交往，用孩子的心灵对待世界。不要算计太多，更不要把简单的事情想得太复杂。当心灵单纯了，你就会发现，身边充满了美好的事物，幸福感也会大大提升。

第三，深刻看事，宽容待人。

单纯不是傻，更不是肤浅，单纯是看破世事的豁达。我们既要有一眼看穿事实的本领，这样能避免受到伤害，同时，又要有看穿一切的豁达。比如，我们发现一个人在欺骗自己，不必与他争吵，或者想办法报复，我们需要做的就是敬而远之，不要恶语相向，得理不饶人更不可取。

04. 小孩子才分对错，成人只看利弊

开篇小谈

试卷上的题目，总是配有一份标准答案，我们的选择不是对就是错，但人生这份答卷却没有标准答案，不一样的选项会带我们抵达不一样的地方，谁又能说清到底哪个是对、哪个是错呢？

我在一部电影中曾经听到过这样一句台词："小孩子才分对错，成人只看利弊。"我非常认同这句台词，所以把它拿来作为本节的标题。尽管有人认为这句话有些残酷，在我看来，说的却是事实。

小时候我们习惯于打破砂锅问到底，总觉得任何事情都应该分一个对错，随着日渐成熟起来，便明白了一个道理，在这个世间，任何事都没有绝对的对与错，只有我们选择的利与弊。

即便是大多数人都选择的选项，也未必一定是我们人生最好的归宿。而那些曾踏足的地方，或许就藏着我们打开幸福之门的钥匙。这就好比世界上没有两片完全相同的叶子，也不会有两个完全相同的人。我们每个人都是独立的个体，又何必非要勉强自己去跟随别人的步伐，重复别人的人生呢？

情景再现

我有一个女性朋友，是一个近35岁的大龄剩女。她的父母和朋友每次都热情地给她介绍对象，但没有一个能成功，其中也不乏一些青年才俊和富二代。

她的父母多次替她感到惋惜："错过了这么好的男人，难道真想嫁个穷光蛋呀？"但她心里有自己的择偶标准，她只图两情相悦，找个知己型的爱人。抱着对感情的坚定和执着，上天终于在去年眷顾了她，让她遇到了自己的意

中人。对方是北京一个外企的普通职员,虽没有显赫的家世,但人勤奋,又很上进,朋友认定他就是自己今生的伴侣。

对于朋友的选择,她的父母和朋友都感到不解,他们说:"他没房没车,也不是本地人,选择了他以后就等着过苦日子吧!"

对于这些,朋友认为房子、财富都是次要的,婚姻遵从的是内心,只有真心相爱才能白头偕老。

如今,他们已经结婚了,两人生活得很幸福。每当我踏进他们居住的出租房时,我都能感觉到这满满的幸福——他们把出租屋布置得非常温馨,有鲜花、有玩偶,两人下班一起在厨房有说有笑地做饭,偶尔的嬉闹,这难道还不是幸福吗?

高老师的幸福解析

幸福没有固定的模式。有人认为,幸福就是衣食无忧、安逸平静的生活;有人认为,幸福就是可以实现自己的梦想,获得成功;还有人认为,幸福就是能拥有甜蜜的爱情,能够有人为自己分担烦恼、分享快乐……幸福涵盖的内容太多了,包括物质、精神两个方面,不管是谁都不能轻率地下结论,判断谁的选择是对的,谁的选择是错的。

就像我朋友最后选择的丈夫,可能不是大多数人眼中的合适人选,但对于她来说,那就是幸福。每个人对幸福的理解不同,我们觉得无比幸福的场景,在别人心里或许不值一提,正如别人辛苦追求的一切,或许也根本入不了我们的眼。

高老师的幸福之道

对于幸福,没有人能给出统一的标准,选择适合自己的生活方式,随心而活,这就是幸福。生活不是给别人看的电影,而是穿在身上的贴身衣物,是否舒适,是否合心,只有自己才能真切体会。

说到这里，你肯定会问："高老师，我们如何选择才是幸福的？"下面，我教给大家一个我经常用的小技巧，记住这个技巧可以让你作出选择进而更多地获取适合自己的幸福。

为了能准确地测量出什么样的选择才能让我们感到幸福，可以把我们做某个选择时的情绪写下来。然后拿起来看一看，如果作出选择时我们的情绪是消极的，那么不妨换一种选择。

05. 人可以死在自己的梦里，但不能死在别人的嘴里

开篇小谈

在生活中，我经常看见这样一类人：无论你做什么，他们都喜欢泼冷水，认为这样不行，那样也不好。但如果让他们去做，他们又什么也做不好。

对于这一类人，我的总结是，滥用语言暴力是他们刷存在感唯一的手段，所以他们时时都在伤害着别人。

情景再现

我曾经参加了一个关于"幸福之道"项目的讨论会，看到两个同事极为用心地做了几个策划案。从他们考察市场的角度和做策划时的费心费力来看，那些都是值得尊重的劳动成果，即使它们可能还不够完美，可能还需要继续提升。

但是，有些同事，完全不看别人立项可行性研究的内容，不看别人在"幸福之道"研究上花的工夫，甚至连策划的内容是什么都没有认真看，便开始各种批评。

连小河都没见过的人，却摆出一副曾经沧海的姿态来。那些批评听上去那么牵强附会、毫无逻辑。我真的很想说，人家努力去思考、去策划，并且

形成了结果,尽管它可能不合适,但拜托咱们先弄明白策划人的意图,看一下人家的方案再批判,好吗?

看着那些认真思考过、认真做事的同事伤心的样子,我的心里真不是滋味。我不是说讨论一个重大项目时,参会的人不可以发表意见,而是说我们发表意见时,不要带着情绪和个人好恶的标准去评判。

这就好比一个从来没有吃过螃蟹的人,没有资格说什么样的螃蟹才好吃,也不能因为自己不喜欢吃螃蟹,就武断地认为螃蟹没有市场。

高老师的幸福解析

很长一段时间里我都在思考一个问题:为什么我们总是喜欢简单粗暴地否定别人,动不动就用偏激甚至刻薄的话去伤害别人,却感觉自己非常有理?产生这种自负心理最深层的原因是什么?

图22　不要肆意批评他人

很多事情,只有把它的前因后果彻底联系起来,才能看出最根本的问题。就拿上面的案例来说,一个项目开会讨论,判断它是否具有可行性,我们不能不看内容只匆匆扫一眼标题就全盘否定。

这里面,有很重要的两个行为暴露出了根本心理:

不看内容——因为那是别人的项目,隐蔽心理是把不想关心别人当成对别人的项目没兴趣；

全盘否定——不想为别人的项目费心做判断，其隐蔽心理主要是不想去肯定别人的价值，所以全盘否定，一来比较省事儿，二来显得自己有价值。

基于上面两种心理，我想告诉大家：如果有人无端评判你、瞧不起你，不是因为他真的比你强，而是因为他不想去发现你的价值。所以，最后得出的结论是：别人对我们的评判与我们的实际价值无关。所以，我们无需为别人的评判而伤心、绝望，也没有必要在意别人眼中的自己是什么样子。

不知道什么时候，我在某个地方看到过这样一句话："人可以死在自己的梦里，但不能死在别人的嘴里。"我觉得这句话非常适合我的观点，所以将它作为本节的标题。同时，我也想把这句话送给所有的读者，愿大家一起活在自己的梦里。

高老师的幸福之道

我们努力地生活，追求幸福，不是为了改变这个世界，而是为了不让这个世界改变我们。关于做人的幸福之道，我想告诉大家的是：别人对我们的评判与我们的实际价值无关，我们无须在意。我们需要做的就是把时间和精力用在我们想做的事情上，踏实笃定地走自己的路，追自己的梦，再也没有什么比这更让人觉得幸福的事了。

06. 说话的分寸，就是做人的尺寸

高老师的幸福解析

在生活和工作中，有一种人八面玲珑，说话滴水不漏，周围的人都很欣赏他。对于这样的人，我是很羡慕的。"会说话"往往代表一个人情商高，会做人，谁不想拥有很多的朋友呢？

原来的我，一度以为说话就要诚实，该说的就要说，所以尽管我总是不遗余力去劝解别人，但我却很少拥有亲密的朋友。我不明白，为什么有的人明明就是在忽悠，却最终赢得了别人的信任。

相信你可能也有过这种经历吧。自己一个人扛下所有的工作，加班到深夜，升职加薪时，机会却属于那些善于在领导面前溜须拍马的人；朋友出现了重大的选择失误，我们费尽口舌劝他，他非但不听，还渐渐疏远你；天天为女朋友打水、占座，却不及女友病中隔壁小王的几句贴心问候。

所以，在我研究做人的幸福之道时，我认为说话是一门很深的学问。要想做一个幸福的人，就要把握自己说话的分寸，如果没有分寸，就会有是非、有冲突。

那么，什么是说话的分寸呢？

我的理解是言多必失，话少误事；说话不能太犀利，要点到为止；逢人只说三分话，未可全抛一片心，都是说话分寸的道理。

高老师的幸福之道

那么，我们如何拿捏说话的分寸？通过实践，我总结出以下三类我们说不得的话，希望让大家在说话、做人的方面少走一些弯路。

第一，没有影响力的话，比如"为你好"。

俗话说："你永远无法叫醒一个装睡的人。"在为人处世的过程中，我们要始终秉持"切莫交浅言深"的原则。当对方先入为主地认定了某个观点，这时我们再规劝，只会火上浇油。

我们在生活中经常说的一句话就是"为你好"，我曾经犯过多次"为你好"的错误。

我有个朋友在自己的公众号上写了几篇文章，转载量十分可观，可以说是朋友圈"爆款"了。此时有很多出版商来找他谈出书的事情。这几家出版商实力相当，分不出高下。他很苦恼，来找我咨询。

我对他说："你不妨选这家吧，这家的编辑不远万里亲自来找你谈，看来这家公司很有诚意啊。"他回答道:"但是另外那家是我一个朋友介绍的,签约条件很优厚,也挺重视的。"最后他还是坚持选择了朋友介绍的那家。后来,就很少找我聊天了。

一年多过去了,他已经交稿半年了,编辑却迟迟不说出版的事。原本事业处于上升期的他由于作品没有及时出版,错过了最好的机会。看着其他作者开签售会,到各个大学去演讲,他悔不当初。

我还有一个朋友,大学一毕业就去了家乡一家电视台做主持人,在当地可谓是家喻户晓。但是,由于种种原因,他的节目被停了,每天就跑跑外景,接接散活儿,工作很忙,薪水却很少,事业处于低潮期,女朋友的爸妈要求他半年之内买房结婚,他不堪重负,结束了这段感情。

没想到,两年后他的事业峰回路转,不仅买了车和房,还有不少收益丰厚的投资。有一天他给我打电话,说他有新女友了,过段时间准备领证。我为他感到高兴,安慰他苦尽甘来,眼里只有钱的人未必是良缘,要好好珍惜现在的女朋友。过了几天,我发现他把我拉黑了,后来才知道,那次打电话,他女朋友就在旁边,而他的女朋友就是之前那个。

在这个世界上,能认清事实的人毕竟不多,大多数人只会相信他愿意相信的事。作为朋友,关键时刻要提醒,但是听不听你的意见就是对方的事了。只有自己吃过大亏,才能真正懂得生活之味。

第二,不说给别人带来不适的话,比如隐私。

我有一个朋友在报社工作,刚进报社时,领导让她跟一个男记者学习,一起跑新闻。但是,男记者什么都没教她,从选题到采访,再到写稿、修改、定稿,全都是她一个人完成的。但是朋友依然把他的名字写在自己名字的前面,这意味着该稿件的第一署名是那个男记者,并且稿费平分。

有一篇她精心采访的稿子被评为 A 稿,受到了领导的表扬。没过几天,一个平时不怎么来往的同事问她:"第三个小标题以下是不是都是你写的啊,怎么写作风格跟他有很大出入,前面跟抄的似的。"

我朋友不想让人误会抄袭,就说:"没有啊,那个标题出自一首比较冷门的古诗,为了跟内容匹配,我还稍微调整了一下顺序。"说完朋友就忘了,没

图 23　说话的分寸

想到，几天后单位却传起了闲话，说那名男记者欺负新同事，霸占署名。于是，我朋友在以后的工作中被男记者穿了无数次小鞋，不管她怎么解释都没用，这梁子算是结下了。

从道理上看，朋友并没错，她只是实话实说，并没有要诋毁男记者的意思。但是在好事者嘴里就变了味儿。如果朋友多长个心眼，在同事问的时候巧妙地躲过去，就不会有这个插曲了。

对于我们大多数人来说，薪水、婚恋、子女乃至对一些敏感问题的看法都是隐私，我们需要尊重隐私，不要说给别人带来不适的话。

在工作中，经常有学员初次见面就问我这类问题，我总是一笑而过，转移话题。如果对方追问，我只能说："这个不太方便说。"对话就到此为止了。

第三，不说不通情达理的话。

在一些培训课里，我掏心掏肺地给大家讲一些道理，讲那些自己走过的弯路、吸取的教训，但我的学员不买账。说白了，就是因为价值观跟我有分歧。我只是用自己的经历告诉大家一些道理，却没有站在他们的角度思考问题怎么解决。没有换位思考，就很难达成共识。

就算能够"推己及人"也是不够的，我们怎么能代表别人呢？我们怎么知道别人是怎么想的？我们在责备别人时，有没有考虑对方所处的境遇？

去年冬天，我的同事发烧 38℃ 还在陪我跑培训，连饭都没顾上吃。我自己不舒服的时候经常疯狂工作，实在撑不住了再休息一下，所以看到别人生病我只是说一句："按时吃药，多喝热水。"没有过多的安慰，没有实质的问候，表现出来的关心缺乏温度。

　　培训也是一样，我害怕冷场，就滔滔不绝地讲，一个段子接着一个段子，强行把自己的观点灌输给大家。我说的内容，学员们在微博上、微信上、视频网站上都能找到，为什么还要千里迢迢冒着风雪来听我讲课呢？他们是想接收有温度的消息，想认识一个活生生的我。

第5章

你需要修炼的——世界上所有的烦恼，都是自找的

烦恼已经成为现代人的通病。但是，让我感到啼笑皆非的是，如果说困境、失败让我们感到烦恼，尚且值得同情。但事实并非如此，我发现大多数人的烦恼是自我制造的。本节我将会传授一些消除烦恼、拥有积极情绪的幸福之道，不管是真的烦恼，还是自找的烦恼，请及早试着去改变。我不会像传统的心灵老师那样一味劝你放下、学会知足……我告诉你的是一些行之有效，并且人人都能做到的幸福之道，而你需要做的就是马上行动起来。

01. 别到处抱怨，没有人愿意听到负能量

开篇小谈

大学刚刚毕业两年，从珠海来到北京打拼，住在租来的房子里，我觉得压力非常大，心里充满委屈以及对未来的迷茫。我打算和我认识的一位培训老师沟通，但他根本没时间和我交流。

从那时起，我明白一个很浅显的道理：不要到处诉说你的苦，别人没有义务给你答疑解惑，更没有人愿意听到负能量的东西。也就是从那时起，我再也没有向任何人抱怨过什么。

作为一名咨询师和研究幸福之道的培训师，经常有很多人向我抱怨、诉说他们的困惑、委屈，仿佛全世界都欠他们的。我也收到过很多微博私信和微信消息，多数也是向我抱怨自己的经历有多不幸。刚开始，我认真地一一回复他们，但是对方往往回复我的只有一两句话："谢谢你，我会加油的。"

后来我明白了，他们向我抱怨，说白了只是想找个倾诉对象，并不是要我给他们答案。时间久了，再看到这样的信息，我不再一一回复。

有人说我高冷，其实，我只是想帮助那些想从负能量中走出来的有缘人。在这个世界上，只有心理医生愿意听你吐苦水，前提是，你得付钱。不然，哪怕是自己的父母也不愿意天天听到孩子抱怨。

情景再现

工作中，我有一个关系要好的同事，她工作上很照顾我，但唯一不足的

就是,她太能抱怨了。不管出去玩还是吃饭,她都在抱怨她的工作多么无聊,老板多么苛刻,仿佛她遇到的都是"人间极品"。

刚开始,我还耐心地开导她,后来我就默默地听着,该干什么干什么,不做任何评价。因为我已经词穷,不知道该说什么。再后来,我和同事聚会,就不太愿意叫她了,我们谁也不愿意再听到大篇负能量的抱怨。

工作上有点不愉快很正常,但是太多抱怨只会让老板和同事怀疑我们的工作能力。

图24 不要到处抱怨

我记得有句歌这样唱道:"生活已经如此地艰难,有些事情就不要拆穿。"大家都为了生计奔波着,生活已经够艰难了,没人再想听负能量的抱怨。

当别人发现耐心地劝你并不管用时,就不会有耐心继续跟你交往下去。如果你每天都为这些无足轻重的小事斤斤计较,你最终也成不了大事。

高老师的幸福解析

见过太多的抱怨,我发现人们抱怨的无非就是生活不容易、工作不顺心、家庭不和睦、感情不顺利、人际关系不和谐这几件事,但我想说的是,这样的困境是每个人都可能遇到的。哪个人不是这样挣扎着度过自己的时光?

当我们在抱怨自己是世界上最不幸的人时,实际上比我们更不幸的人数不胜数。比如,和同事相处得不开心,父母不理解自己的选择,自己生病了高烧不退等。当你度过这些困难,回头看看,会发现当时的自己实在太幼稚,这点事也值得自己愁眉苦脸？

很多读者可能会认为那些看上去生活很好的人，肯定没啥烦心事。事实上，家家有本难念的经，别人吃的苦只是没让你看到罢了。

我有个朋友特别优秀，比我还小两岁，主业是广告公司总监，广告作品获得过不少大奖，除此之外，他还是一名作家、电台主播、国家二级心理咨询师、心理催眠师、二级人力资源管理师。

他每天只睡5个小时，坚持写作，每篇不少于3000字。他从来没说过自己辛苦，也从不抱怨什么。他说得最多的话就是："我还得加油啊。"除此之外，没有任何抱怨。

最后我想说的是：在人生的道路上，谁都有不如意的时候，别到处抱怨，没有人愿意听到负能量，也别让抱怨的阴霾盖住了我们幸福的影子，让自己变成"祥林嫂"那样让人避之唯恐不及的人物。

☀ 高老师的幸福之道

一味地抱怨，只会让眼前的灰暗阻挡我们寻找美好的脚步。拨开云雾见月明，跳出眼前的不愉快，你会发现，生活不只是眼前的苟且，还有诗和美好的远方。

如果你真的很想摆脱抱怨和负能量，就试着问自己：我到底想要什么？我这样抱怨是否能得到我想要的，如果不能，我下一步该怎么办？是不是需要用新的目标和梦想来唤醒心中的那个巨人？想想那些振奋人心的目标，想想身边那么多值得感恩的朋友和家人。其实反过来再一想，今天令我们不舒服的人，也是我们生命中的贵人，如果没有他们，我们怎么会有这么大的动力前行？这样想想，真心感谢曾经帮过我们和折磨过我们的人，因为他们，我们才有平衡的生活。向周围的人付出和汲取更多的正能量，形成一个良性循环，让我们成为正能量的转换机。

试试每天早晨醒来，告诉自己一个让自己喜悦的好消息。我若盛开，蝴蝶自来，你是什么样的人，就会吸引什么样的人来到你身旁。

02. 清除焦虑，摆脱情绪的恶性循环

📎 情景再现

上个星期，我的朋友跟我说了这么一件事：

朋友结婚已经三年，夫妻关系一直很好。有一次，朋友在丈夫的外套上发现一根女人的长发，不禁火冒三丈。朋友的丈夫是一家外企的高管，风度翩翩，很容易博得女性的青睐，这一点让朋友更确定丈夫有婚外情。于是她用尽各种办法查岗，让她丈夫十分苦恼。

听完朋友的话，我立刻明白了，这是典型的焦虑情绪引起的。

☀ 高老师的幸福解析

其实，不仅仅是我的这位朋友，在日常生活中，每个人都会出现这样的焦虑情绪，哪怕只是一件鸡毛蒜皮的小事，也会让我们烦躁不已。对此，我记得歌德曾说过这样一句话：

"自己在一生之中只有两天是真正感到幸福的。"

这句话听起来有些夸张，但事实的确如此。

对大多数人来说，只有当一切都非常顺利时，我们才会感到轻松快乐。但是，人生充满挑战和艰险，怎么可能一帆风顺？有个成语叫"乐极生悲"，就算我们非常快乐的时候，也担心将来会发生什么不好的事情。

因此，我们要正确面对焦虑，焦虑带给我们的不仅是危害，我们需要把焦虑当成警钟，它提醒我们要主动寻找方案解决问题。同时，焦虑也在保护着我们的心灵，它会殚精竭虑地为我们排查一切可能存在的危险，虽然它令我们非常不愉快。

现在，请大家仔细回想一下那些让我们焦躁不安、痛苦万分的经历，你

会发现，那些折磨只是为我们敲响了危险的警钟，就像油箱里的油耗尽前的提示灯一样。如果我们对这个提醒不重视就可能会"油尽灯枯"。

照这么说，我们是不是该放任焦虑自由蔓延？如果你这么想，那就错了。如果我们一味地纵容焦虑控制我们的情绪，最后就可能让自己跌入黑暗的深渊。生活中出现的焦虑情绪，大多都是因为自己太过敏感，因此，就算什么事都没有，我们也会杞人忧天。

图 25　别自寻烦恼

如何判断自己是否存在焦虑情绪呢？可以从以下三个方面入手。

第一，焦虑的强度。

每个人生活的环境不一样，所受的压力也不一样。有的人偶尔焦虑，有些人却经常感到焦虑，并且焦虑的程度很严重。

比方说，有的人总觉得自己的人生很失败，什么事都做不好；有的人总觉得自己身处危机，十面埋伏，这些都是焦虑情绪，都是没必要的。

第二，焦虑的作用。

焦虑情绪的出现是为了提醒我们要多关心自己的情绪，尽早调整、尽早解脱。假如我们不重视、不控制，焦虑就会无限蔓延，甚至转化为抑郁，下面就是一些因为焦虑而产生了麻痹作用的例子：

- 一个男孩总是觉得自己女友劈腿了，因此对女友很冷漠。
- 一个歌手害怕自己唱的歌观众不喜欢，就害怕上台演出。
- 一个女孩在亲眼看到一起车祸后，终日躲在家里不敢出门，害怕被车撞死。

这就从本质上改变了焦虑的积极作用,这样的焦虑毫无意义。

第三,焦虑的范围。

我们先问问自己:"这件事真的值得我焦虑吗?"然后再对眼前的事情作出判断。有些事情与我们无关,我们为什么要担心?有些事情是曾经发生的,更需要忘掉不愉快的记忆。下面就是一些例子:

- 一个同事由于工作出现了严重的纰漏被老板开除了。于是,小莉也担心自己会被开除。
- 一个消防员经历了一场特大火灾,后来每晚都被噩梦困扰。
- 一个学生担心第二天考试挂科,于是一整晚都睡不着,想象第二天考试的情景。

这些不必要的焦虑每天困扰着我们,它挡住了我们前进的道路,让我们的生活变得灰暗,失去了克服困难的勇气。如果我们不克服这些焦虑,就会产生恶性循环。假如我们每天被这些焦虑情绪困扰着,还怎么去追求幸福呢?

高老师的幸福之道

想要享受生活,懂得幸福的真谛,就要消除那些焦虑情绪。我们的心就像一个杯子,当杯子里装满砂石,又怎么能装进去清澈的水呢?清除心中的灰尘,才能让幸福的泉水源源不断地涌入心中。

其实,我已经拥有一些方法去控制自己的焦虑情绪,虽然这些方法都不能达到立竿见影的效果,但只要我们持之以恒地加以运用,就能慢慢地改善自己的焦虑。想要减轻焦虑,不妨试试下面两种办法。

第一,冥想。

冥想的功效有很多,这里我们只把它用来缓解焦虑。冥想的方法主要分三步进行。

第一步:找一个安静的地方,以最轻松的姿势坐下,挺直上身,慢慢地闭上眼睛,把注意力集中到胸腔的部位。

第二步:慢慢地深呼吸三次,想想自己在一片广阔的草地上,也可以是蔚蓝的海边或者你向往的地方。

第三步：在心里对自己说："生活很美好，我正享受这份美好，我接受并感受那些生活中的痛苦，经历这份体验，扔掉压力，享受生活。"

我们要在轻松的环境下进行训练，如果走神，要马上集中注意力。我们不妨把焦虑情绪当成朋友，与它和睦相处。你的安抚会让它更加温柔，然后慢慢消失。

第二，放松。

这个方法每天都要进行，最好是一天两次。大多数情况下，放松训练会给我们一个积极的反馈，这个反馈可以对抗我们的焦虑情绪。具体的步骤分三步进行。

第一步：闭上眼睛，先收紧全身的肌肉，然后慢慢地放松。

第二步：等到心情完全平静下来，我们可以默默地问自己三个问题：

我感受到什么情绪了？

什么原因让我有这样的情绪？

除了我现在的情绪，我还能做些什么让事情越来越好？

第三步：对那三个问题进行思考，我们会发现，事情并没有那么坏，所有的焦虑情绪只是表象，当我们面对并经历时，心情就重新回归到平和。

放松训练结束后，我们的心情就慢慢地平复了。如果想让自己的焦虑情绪消失，那就要长期坚持训练。

03. 嘘，我要和心灵说说悄悄话

🏠 开篇小谈

我经常看到这样一种现象：当我们有了情绪之后，喜欢找人说说话，与别人分享自己的感受，想得到某些安慰。然而，在我们天南海北地畅所欲言时，有没有想过找一个安静的空间，和自己的心灵说说悄悄话？

📎 情景再现

我有一个同事,她特别热衷于写微博。奇怪的是,她的微博文章没有一个人能看得懂,倒不是说她文笔不好,而是写得东一句西一句,既没有主语,也看不出是什么事情。

于是我问她:"你每天都在写微博,可是谁也看不懂啊,你都写了些什么呢?"

她笑笑说:"没必要让别人看懂啊,因为我是写给自己看的。"

"写给自己看?那有什么意思?既然是晒微博,当然是要与别人分享你的心情。"我不理解。

"有的人写微博是为了和其他朋友分享自己的遭遇,但我却不是。"她摇摇头说,"我写微博其实就是为了和自己说说话,把一些事写一遍,就好像在自言自语,也不用写得特别清楚,反正自己能懂就行。我喜欢这种和自己对话的感觉,尤其是当遇到不开心的事时,这样'说'上一遍,就能发泄一下,重振信心,而不会有消极的情绪。"

听到同事的解释我才明白,原来她写微博是为了和自己说话。这是对心灵的慰藉,也是使心灵获得力量的好方法。

不久后,我又从网上看到一篇新闻报道,说的是,据可靠的研究表明:每天和自己说一会儿话,不仅可以缓解消极情绪,还可以治疗失眠和抑郁症。

☀ 高老师的幸福解析

看来想要让自己获得身心健康,从容不迫地面对人生,一定要多多爱护心灵,经常与它说说悄悄话。

有些人遇到挫折或是不知道如何处理一件事情时,首先会找朋友倾诉,这也并非不可以。只不过若是控制不好,很容易使自己变得令人厌烦。而且,即使别人给我们一些建议,我们也不能客观清楚地分析这对我们是否真的适用。

还有一些人选择用痛哭的方式处理压力，缓解情绪，但这个方法除了会把眼睛哭肿，什么问题也解决不了。

还有些人脾气暴躁，经常与人吵架，遇事就摔摔打打，这样更解决不了问题，还会严重损害自己的形象。

图26　和自己的心灵说说悄悄话

所以，当我们遇到伤心、难过、焦虑、紧张等消极情绪时，不妨与心灵说说悄悄话，我们可以大声呐喊，也可以和风细雨地诉说，还可以写博客。

这种方法不必担心别人会厌烦，不必担心哪句话说得不好会伤害别人，也不必绞尽脑汁地去措辞，更不必担心别人会把自己所说的话泄露出去。

最主要的是，与心灵说话可以让我们快速冷静下来，客观地分析事情的前因后果，找出最好的处理方法。

当然，我们在最开始和心灵说话时会感到别扭，但不要羞涩，你可以试着从一两句开始说，慢慢地，你会发现，在这个过程中，心灵会感到温暖，坏情绪得到了缓解。

高老师的幸福之道

对于消极情绪，我一个很重要的幸福之道就是与心灵说说悄悄话。虽然，它不能给我们语言上的回应，也不能安慰我们，更不能明确地告诉我们该如何解决问题，但它却能让我们冷静下来并依靠自己的力量面对困难和生活。

你一定会问：我们什么时候和心灵说悄悄话？如何说？这正是我想告诉你的。

第一，在情绪低落的时候。

我们难免碰到心情不好的时候，每当此时会格外低落和消极，甚至认为自己是最差的，什么都做不好，没有人喜欢自己。这样的坏情绪对我们的影响很大，如果不及时缓解，会令我们对生活完全丧失信心。这时我们就该和心灵说说悄悄话了。

我们可以在临睡前对自己说：

"今天虽然做错了事，但没关系，下次就会好的。"

"领导又骂我了，不过那是因为我经验不够，以后一定会注意的。"

"今天过得真糟糕，不过不要紧，睡个好觉，明天一切都会好的。"

"你很好，只是有些紧张才会出错，多锻炼一定行！"

……

这些话可以给我们积极的心灵暗示，有助于驱散烦恼，恢复信心。等到第二天醒来时会发现，低落的情绪已经不再困扰我们了，希望的阳光高高地挂在天空上。

第二，在面对荣耀的时候。

我们每个人都有虚荣心，这是人的本性，尤其是面对荣耀时，我们更容易头脑发热，变得不清醒。这个时候，我们就该和心灵说说悄悄话了，它会让我们找到迷失的自己。

我们可以在荣耀中对自己说：

"你的确做了一件漂亮的事，但这只是个起点，并不是终点。"

"别人虽然夸你，但并不代表你没有缺点，要继续完善自己。"

"可不要飘飘然哦，也许别人不知道你的缺点，但你可不能装作没有。"

……

第三，在心灵浮躁的时候。

在这个快速发展的社会，我们的心灵很容易变得浮躁，对任何事都没有耐心，做事不认真，总是得过且过。在这种时候一定要让心灵冷却下来，哪怕给它泼一盆冷水也在所不惜。

我们可以在浮躁之处对自己说：

"德不配位，必有灾祸。"

"上帝让一个人灭亡之前，必让他猖狂。"

"我需要脚踏实地。"

"要冷静，好好丰富自己的内心，才能厚德载物。"

……

第四，在寂寞侵袭的时候。

当我们被孤独与寂寞侵袭时，可能有的人会胡乱找个对象来慰藉寂寞的心灵，但这会妨碍我们寻找真爱，在不适合自己的感情中耗费精力。

我们可以在真爱还没有到来之前对自己说：

"我爱你。"

04. 养成运动的好习惯

开篇小谈

让我们感到不幸福的情绪是一种综合性的情绪障碍。既然是综合性的，那么它的特征也是多方面的，比如看任何问题都是消极的，没有正能量；遇到困难不积极想办法解决，总是往最坏处想，因此丧失信心；一些很小的事情就能感到伤心、烦恼，所以常常感觉不到幸福……

很显然，这么多显著的特征仅从一个方面治疗，收效甚微。说到底，这还是心态问题，也就是心态不平衡导致的，所以，从心态入手才能切中要害。但是心态的改变和培养不是一朝一夕的事情，培养和改变心态确实能起到调节情绪的作用，但很多人一旦有了情绪，心态是不容易被改变的，如果这时我们只从心态方面入手，也许会适得其反，因为逆反心理是人的天性。

当然，我并不是说培养和改变心态没有意义，有一些偶尔的情绪可以通过调整心态改变。但是大部分是需要我们马上进行情绪的调节,不是单纯地读读调节心态的文章就能得到控制。

在这里,我教给大家一个方法,这个方法是每个人最容易做到,也是最为有效的,那就是运动。

这一调节情绪的幸福之道并不是我发明的,我也是通过阅读大量书籍和眼见为实总结出来的。

图27　运动使人快乐

心理学专家们通过对2000名男女18年的观察,证实长期坚持积极、大运动量的体育锻炼者其幸福感明显高于完全不运动者。

为什么运动与幸福之间存在联系?

据医学研究发现,我们每个人的精神、心理是和身体状况联系在一起的。当我们进行运动后,我们的身体就会发生一系列化学变化,使我们的血液产生让人快乐的物质,这些物质会让我们感觉到幸福。

情景再现

2013年,由于投资失利,我3个月损失了100多万元。要知道,这笔钱对于我来说,几乎是全部家当。当时,我的心情糟透了,感觉自己跌落到人生低谷,看不到一丝亮光。那段日子,我几乎天天失眠,整夜整夜地睡不着觉。

这时,我想起了运动的方法。于是,我每天早上起床,换上运动装,去附近的公园里进行 30 分钟的晨跑。晚上回到家后,我也会在家里做做瑜伽或者去外面散散步。几天后,我惊奇地发现,我不再失眠,情绪也好多了,心里虽然仍然为失去的这 100 多万元感到心痛,但不会再痛苦不已。

坚持了半个月后,我的情绪彻底稳定,心里也豁然开朗,告诉自己,不就是 100 多万元嘛,以后我还会赚回来的。

高老师的幸福解析

相信我,这是我的真实感受。我亲身体验了这个方法的作用,证实了这个方法确实有效。不信,你可以试试!

但是,要注意我这里所说的运动必须是真正的运动。所谓真正的运动,是指提高心跳并且流汗超过 30 分钟的运动。如果我们每周运动不超过 80 分钟,对于我们调节情绪、获得幸福感毫无帮助。如果我们每周运动达到 3 个小时,则会有很大的改善。

因此,我给大家的建议是:每天运动 30 分钟,每周运动 6 天即可改善情绪,获得幸福感。

高老师的幸福之道

与其深陷消极情绪不能自拔,不如利用运动来调节情绪,提高我们的幸福感。

事实上,任何形式的运动,哪怕是种花、旅游、散步等都能起到调节情绪的作用。特别是一些集体性的娱乐运动,比如跳舞、登山、打球等,可以有效消除我们的紧张和压力,产生一种自然而然的幸福感觉。

但是,需要注意的是,我们在不同情绪状态下会适应不同的运动。换句话说,我们处在什么样的情绪中就可以选择什么样的运动来获得好心情。在此，我给出以下四个方法。

第一，抒解焦虑情绪适合的运动：慢跑、瑜伽、游泳。

当我们焦虑时，常常会伴有神经功能紊乱的情况，比如出汗、心跳加速等。在这样的情绪状态下，最好选择一些能让我们身心舒缓、静下来的运动项目。而慢跑、瑜伽、游泳这样的运动是不错的选择。

第二，抒解紧张情绪适合的运动：排球、篮球、足球。

这些球类运动由于赛制比较紧张，往往需要我们冷静沉着地应对。经常进行这些球类运动，不仅可以缓解紧张情绪，还可以预防紧张情绪。

第三，抒解抑郁情绪适合的运动：快跑、网球。

当我们感到抑郁时，不宜选择复杂的运动项目，最好选择简单、便于操作且激烈的运动，这样会转移我们的注意力，走出抑郁的困扰。

第四，抒解愤怒情绪适合的运动：登山、快跑、网球、器械运动。

当我们感到生气时，可以选择一些消耗体力的运动项目，这样在我们做运动的时候，可以发泄心中的愤怒，自然也就不生气了。

05. 痛快地哭，大声地笑

高老师的幸福解析

我们在悲伤的时候会哭，在高兴的时候也会哭，比如喜极而泣……很多时候，我们用哭来表达一种内心的情感，同时，这种哭也起着发泄情绪的作用。

同样，我们在开心的时候会笑，在愤怒的时候也会笑，比如怒极反笑……笑也是表达我们内心情感的一种方式，与哭一样，它也起着发泄情绪的作用。

对于那些承受极大痛苦的学员和朋友，我常常跟他们说："哭出来吧，哭出来就会好一些。"如果对方真的哭出来，悲伤的情感就得到了发泄，积聚在内心的悲伤就能减少，人就会感到轻松很多。

发泄是缓解压抑情绪、释放压力非常有效的手段，还是防治各种疾病，尤其是心血管病和肿瘤的良药。一个善于发泄的人，他的心理往往是健康的。

这一缓解消极情绪的幸福之道不仅仅是我的理念，美国圣保罗·雷姆塞医学中心精神病实验室专家通过长时间的研究发现：悲伤、痛苦、烦恼、紧张、焦虑甚至是肉体上疼痛，都可以通过哭泣来传递感觉。当我们出现这些情绪时，如果适时哭泣，情绪将会有所好转。如果强忍眼泪，不哭出来，则可能对身心造成伤害。

所以，我给大家的建议是在遇到伤心事时，我们可以找个地方放声痛哭一场。流泪后的心情往往会好许多，这是由于悲伤引起的毒素通过眼泪已得到排泄。

说到哭，在我们的印象中，女人似乎更擅长，事实上，女人哭不一定是一种软弱，而是一种自我保护。相反，不哭，强装笑脸反而无益于身心健康。心理专家研究发现，人在伤心时流出的泪水，蛋白质含量很高。这种蛋白质是我们伤心时产生的有害物质，如果我们不哭出来，这些有害物质就会积聚在我们的体内，对身体健康很不利。

图28　哭和笑是发泄情绪的好方法

我们都知道这样一个事实：女性的寿命通常比男性要长，其原因除了女性特殊的生理结构外，女性喜欢哭也是一个非常重要的因素。女性在伤心的时候，大多会选择哭泣，这样会让情绪得到好转。

所以，我认为强忍着眼泪就等于"自杀"。不管我们的哭是出于什么原因都能起到一个非常重要的作用，即排解不良情绪，减轻心理压力。

不过，我要告诉读者的是，哭不宜超过 15 分钟。通过哭泣发泄出压抑的心情后就不要再继续哭泣。因为我们的胃肠机能对情绪极为敏感，如果哭泣的时间过长，会导致胃部疾病。

哭是一种情绪的发泄，笑同样也是。

我们都会笑，却很少有人知道，笑也是一种很好的健身运动。每笑一声，全身有 80 多块肌肉在运动。如果笑 100 次，对心脏和肺功能的锻炼相当于跑步 10 分钟的运动效果。然而，成年以后，大多数人的笑容越来越少，有的人甚至一天都难得笑一次。从健康的角度来说，这是令人遗憾的损失。

另外，笑也是一种心理状态的表达。我发现，一个爱笑的人不仅自己常常拥有好心情，也可以感染他人。这是因为笑会引发大脑中的积极情感，让我们真正愉悦起来。

所以，我给大家的建议是：每天清晨对着镜子练习微笑，可能会改善自己不快乐的心情。另外，如果我们早上走进办公室总是微笑着和同事打招呼，那么不仅会为自己带来一天的好心情，还将收获更融洽的人际关系。

笑的积极意义体现在许多方面。这一点是我查阅了许多心理学书籍得出来的结论。心理学家研究发现，笑能加速心跳，增加对大脑的供氧量，从而提高大脑的工作效率，提高我们的思考能力。

最后，我还想告诉大家的是：开怀大笑可以瞬间消除我们的疲劳，所以请大家不要一天到晚像个木头人，不会笑也不会哭。伤心的时候就找个地方哭一会儿；工作之余不妨开个小玩笑，在笑声中放松心情。

☀ 高老师的幸福之道

哭和笑都是有效发泄负面情绪、保持健康心理的好方法。很多人总是有意地压抑、刻意地伪装，不让这些自然情感真实地流露出来。这样的做法实际上不利于我们的健康。所以，我们需要在平时有意识地找个理由痛快地哭、大声地笑，这样身心才会健康。

至于如何哭和笑，我想我不必再教给大家方法了吧。如果你实在哭不出来或笑不出来，我建议你可以去看一个喜剧电影或悲剧电影，我平常也是这么做的。只是别忘了，哭的时间不要超过 15 分钟。

06. 说话的时候改变关键性字眼

🏠 开篇小谈

我一直在寻找一个能够帮助人们快速转变糟糕情绪的技巧，经过我多年的观察和研究，终于找到了一个方法，那就是：说话的时候改变关键性字眼。

语言是奇妙的，能改变我们的思维方式，坚定我们的意志，壮大我们的胆识，使我们敢于面对一切挑战。但是，我们日常的用语习惯也会影响到自身的感受，以及对自身的认识。如果不掌握好表达习惯，不加识别甄选，那么就可能因为用词不当而扭曲事实。

如果留意自己平时说的话就会发现，我们所说的话对情绪有很大的影响。总结归纳日常生活中所说的话，我将它们分成以下三类。

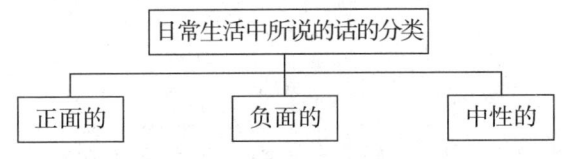

图 29　日常生活中的说话分类

使用不同类别的字眼，会给生活带来不一样的影响。

比如，我们动不动就说"讨厌"——"讨厌"自己的头发、"讨厌"自己的工作、"讨厌"这、"讨厌"那，当我们讨厌的次数多了，负面的情绪状态是不是就更加严重了？这样就把"我喜欢"这样的句式抛之脑后了。

当我们使用具有"情绪引导"作用的字眼时，就会惊奇地发现这些字眼具有改变情绪的妙处。

多年来我的亲身观察发现,说话的时候只要改变关键字眼,就会立刻改变人的情绪和思维,从而避免负能量。

于是我也开始审视自己的感受:当自己愤怒时,使用"遗憾"一词,可以缓解自己的情绪。

令我觉得有意思的是,面对同样的事情,人与人各自表达感受的字眼是不一样的。有的人用"生气"和"不安",有的人愤怒不已,而有的人似乎没有多大感觉。我问一个做生意的朋友:"上一次对方给你错开了一张巨额罚单,你花了两年半的时间才把那钱追回来,那时候有没有让你怒不可遏?"我的朋友回答道:"没有,我只是有些'遗憾'。"

就"遗憾"这么简单?这令人难以置信,我从来没有使用过这样的字眼来形容自己的情绪。在那种情况下,一个成功的商人怎么可能用冷静的语气说出"遗憾"一词?可事实上,他不需要强作镇定,在很多时候,那些能把我们逼疯的事情,他都能泰然处之。

我开始想:如果我用这个词来描述我当时的情形,我的感受会怎么样呢?我想我得好好研究。接下来几天,这件事一直在我脑中盘旋,如果我在狂怒时也使用这样的字眼,不知道怒气能否消减。

📎 情景再现

终于有一天,机会到了。那一次我长途奔波去另一个城市给学员上课。晚上,我来到事先预订好的酒店。到达酒店前台时,服务员说现在没有空余的房间,也没有看到我的任何预约信息。于是,我拿出手机,给他看了我预约成功后的短信。

服务员说让我等等,他再查查。于是,我就站在前台,当时我已经疲惫不堪,只希望尽快扑到床上好好睡一觉。然而,工作人员无精打采,慢慢吞吞,输入资料的时候漫不经心。我胸中的怒火"腾"地一下就蹿上来了,真想好好教训他一下。

就在火气腾起之际,"遗憾"这个字眼浮现在我脑海。当时,我想试试看使用这个字眼会不会让我的情绪好一些。于是，我对那名服务员说："先生，我知道这不是你的问题，可是现在时间很晚了，我又很累，我很希望有个房间可以洗澡睡觉。我已经站在这里很久了，这让我对你们的服务有些遗憾。"

听到我这么说，服务员脸带诧异地看了我一眼，随即不好意思地笑了笑。我也回以一笑，怒气刹那间全消。我随即冷静了下来，那位工作人员也马上加快了速度。我只不过是换了一个形容的字眼，情绪马上就有了180度的扭转，这是不是太不可思议了？更令人惊讶的是，这么做并不困难。

在接下来的几周里，我反复尝试这个词，发现每次只要运用这个词，真的能冷静下来，把自己从发怒的边缘拉回来。不到两个星期，"遗憾"一词已经成为我的习惯用语，不用我刻意为之就能脱口而出。每当我想发脾气时，这个词就自然而然地成为我形容情绪的第一选择，我从此很少"大发雷霆"了。

我越来越相信这个偶然发现的词话的力量！通过改变日常使用的词汇，我正在改变我的情绪感受，我把这些词称为"转换词汇"。后来，我又逐渐尝试了其他词，发现它们也都具有使人平静的功效。

高老师的幸福解析

那么这些词是如何发挥作用的呢？我分析给大家听。

我们通过视觉、听觉、触觉、嗅觉和味觉五大感官把周围的各种现象输入脑中，经过感官的"诠释"，这些现象转化为内心的种种感受。不过这些需要分类归纳，那么我们是如何得知图像、声音等种种现象的意义的？最有效的方法便是给它们贴上标签，这就是我们说的"字眼"。

这里就产生了一个问题：我们通过五大感官来倾注各种感受，这时候，这些词就是一个个的"模子"，而感受就是要"浇铸的液体"。在这一过程中我们会快速下决定，在可用的词语中寻找合适的"模子"，更糟糕的是还经常把感受倒进消极颓废的"模子"里。

当我们动不动将"愤怒""失望""倒霉"和"不安"等词语挂在嘴边

时，实际情况也许并没有那么糟糕，但是这些不好的情况似乎真的成了自己真正的遭遇，结果"小事一桩"成了"天塌下来"。

所以，当我们有消极情绪时，我们只需要改变负面口头禅，换成积极正面的字眼，很快就能从糟糕的情绪走出来。

高老师的幸福之道

我们平常说话用的词会在潜意识里成为我们相信的感受，也就是说，词语催生了你的情绪反应。如果我们说话的时候改变关键性字眼，用积极正面的字眼，就能获得快乐的情绪。这就是我的关于调节情绪的幸福之道。

也许，有的读者会提出质疑：高老师说使用积极正面的字眼会带来积极的情绪，难道我们要把日常使用的字眼更换掉吗？当然不是，你只需要改变几个关键性的字眼即可。如果你还不相信，那不妨试一试。

找一张干净的白纸，写下8个会使你产生负面情绪的词，然后再从字典中找到8个新的情绪相对弱化的词语，比如：

（1）讨厌——不喜欢

（2）愚蠢——不足

（3）滚开——你走吧

（4）惊慌——不适

（5）压抑——透透气

（6）侮辱——误解

（7）倒霉——有挑战

（8）神经病——精力旺盛

把这些词语运用到生活当中。你会发现如果能够在连续4周这样有意识地改变，你就可以打破旧有的情绪模式。

试试看，如果把"我需要改变"换成"我需要进步"，这就暗示了自己会越变越好，自然就能乐观起来。

第6章

你需要领悟的——走出困境，人生就是碧海蓝天，赢在挫折后

古语说"天无绝人之路"，所谓"绝境"往往是来源于一个人心灵上的绝望，产生于一个人主观意识中的自我否定。其实，在一定条件下，只要还有"走出来"的信心，看似走投无路的绝境就会慢慢发生转变。走出绝境，更需要心灵不失坚定的信念，不自我放弃、不自我否定。一个放弃自己的人，就会被命运之网束缚，而一个敢于向绝境挑战的人，才有可能守得云开见月明。

第6章
你需要领悟的——走出困境，人生就是碧海蓝天，赢在挫折后

01. 怀才不遇，你真的怀揣才华吗

高老师的幸福解析

在我的身边，常常会有一些运气不佳的"千里马"，他们本以为自己是人群中最璀璨的星星，却因生不逢时被淹没在人群中随波逐流。是怀才不遇？还是伯乐太少？再或者是"千里马"对自身定位不够准确？

对于这些因"怀才不遇"而牢骚满腹的人，我是深表怀疑的——你常常说自己怀才不遇，你拿什么证明你的才华呢？

如今，互联网及自媒体盛行，也有了更容易让我们展现才华的场所。如果你有才华，在这个信息爆发的时代，应该有更多的机会得到展现才对，那"怀才不遇"又从何谈起呢？

市场一向是向利益趋近的，所以好的东西是不会被埋没的。优质的东西一定会受到市场的争抢和追捧，因为好东西总是出类拔萃。

因此，如果你才华横溢、满腹经纶，请不要为未来担心、焦虑。

刚大学毕业时，我也曾经一度认为自己有着非凡的才华，只是缺少一个机会而已。后来工作久了，我才慢慢地明白，自己仅仅是某一方面比别人稍强一点点，而就是这一点点让我高估了自己。

所以，我总结出关于困境的幸福之道——如果我们一直认为自己怀才不遇，那只有两种可能：一是我们没有足够的才华，二是我们怀揣的根本不是才华。

不要认为这句话伤人，事实确实如此。在如今的社会，我经常看到很多年轻人从学校走出来后，一副眼高手低的样子。他们以为自己光芒四射，没

想到现实社会山外有山、楼外有楼,于是开始抱怨自己是"怀才不遇"。

对于这样的年轻人,我想说的是:年轻就是资本,不必害怕跌倒,就算跌倒了也可以随时东山再起,再次起跑。这些挫折会磨砺心智,让我们得到锤炼和成长。当我们足够强大,为了机会做好全方位准备的时候,机会就会来到面前。

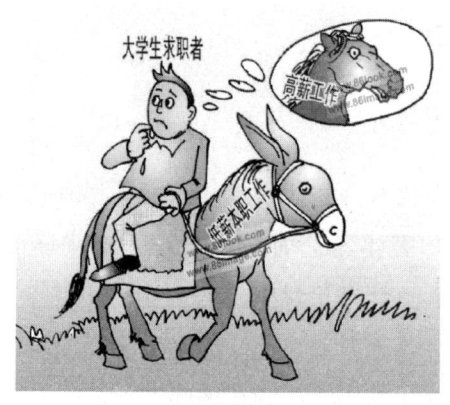

图30 "怀才不遇"

所以,与其抱怨"怀才不遇",不如多从自己身上着手,提高自己的实力。怀才就像怀孕,时间久了,底蕴够了,自会被人识别。人们常说的厚积薄发,就是指人生需要蓄势,才能喷薄欲出。想要得到他人的承认与重用,必须要有足够的资本。从古至今,多少伟人、名人都是从一粒无人问津的"沙子"慢慢地变成"珍珠"的,其间经历的辛酸和困苦无以言说。所以说,不经历风雨何以见到彩虹?

情景再现

我认识一位学员,他是一所名牌大学人力资源管理专业的毕业生。大学毕业后,他顺利应聘到北京一家著名的企业工作。然而,工作一年后,他却还是个人事助理。为此他一直心有不甘,特别是最近晋升的人事主管,各方面都不如他,更让他觉得公司的选拔机制不够公平。

纠结一周后,他决定找上司谈谈。经理问他:"你希望上进,我很赞赏。那你跟我说一说,你对人事主管这个岗位怎么看?"

他说:"我觉得我完全可以担任人事主管这一职位。"

"好,那么你说说,人事主管都负责哪些工作?劳动合同管理的要点有哪些?"

"人事主管就是协助部门经理管理整个部门的工作……具体有哪些?我还没想过。至于劳动合同管理,不就是到期要续签,新入职要新签吗……"他感觉自己说得杂乱无章、毫无底气,但他认为只要给他这个平台,他自然就会了。他心里嘀咕道:"你又没有让我全权负责那些事,我怎么知道呢!等我做了主管自然就都清楚了。"

经理说:"你积极进取,我很开心。平时你也能够认真完成各项工作。但是,这还不够。人事主管是一个管理岗位,你目前对岗位的职责尚不够清晰,又没有独立从事过相关工作,所以我还不能把这次晋升机会给你。只有当你从辅助性的工作转为承担主导性工作后,再加上主动学习和提升,才可能在职业发展上更进一步。做主管不是说想做就能做的。一年来,你对简单的执行工作做得很到位,但对于统筹这个部门而言,我目前还没发现你具备这方面的潜质。"

经理的这番话,让原本理直气壮、愤愤不平的他不好意思地回到了座位上。

风筝飞不上天,是因为被人所牵制。而真正能够翱翔天空的飞鸟,都是因为它们自己具备展翅高飞的能力。所以当我们还不能崭露头角时,既要记得仰望天空,为了更高的目标去奋斗,也要记得虚心学习,加油蓄势,为了明天的腾飞做好准备。

☀ 高老师的幸福之道

常常认为自己"怀才不遇",并不是真的有"才"。不管干什么,纸上谈兵都是枉然,我们需要做的是,拿出实力向别人证明你的才华。如果你怀的不是"才",那么可以沉下心来,学习与成长,获取才华。这才是面对困境该有的幸福之道。

对于如何走出"怀才不遇"的困境,唯一可以告诉大家的是要学习,向身边有才华、有经验的人学习,唯有学习,才能让我们拥有真的才华,走出"怀才不遇"的旋涡。

02. 每个人都会遇上酷刑般的苦难生活

开篇小谈

这么多年以来,我一直在研究如何让我们走出困境的幸福之道,为此我查阅了很多心理学书籍,也向很多名师进行请教。

那么,对于大部分人来说,到底何为困境?

总结起来,人生的困境莫过于高考失利、考研泡汤、毕业即失业、就业在最低层、没钱、没房、恋人分手、突然被解雇、家人重病离世……这些人生困境有时甚至以不同的排列组合形式出现在我们的生活中,犹如一道道酷刑折磨得我们奄奄一息,仿佛人生走到了末路。

情景再现

对我来说,人生中的绝境和改变是从2009年3月4日开始的。

在培训课上,这段故事我无法回避,但每每谈起我只是匆匆带过,没有向学员透露太多细节。原因就是我尚未走出悲痛,不能平静回顾,更不想吐露当时的迷茫和脆弱。也许,今天,在这本书里,我可以轻松面对这段过去,写下内心的感受。

在我全力以赴地研究我的幸福之道时,我接到家里的电话,待我匆忙赶回家时,妈妈已经永远地离开了我。

跪倒在妈妈的床前，我人生所有的眼泪仿佛都在那一刻流尽。自此以后，我便很少再哭，痛到极点心就不会再轻易痛了。

虽然这并不是我第一次面对亲人的去世。在我上初中时，把我抚养长大，也是最爱我的姥姥去世。那时的我因为年龄还小，只知道哭。如今，作为一个成年人，面对妈妈的去世，对我又是很大触动。

对于我这样一个长期在外奔波的人来说，妈妈就是我的精神支柱，是我的一切。我在妈妈的坟前待了很多天，头脑一片空白，除了伤心、苦涩、流泪，我不知自己该何去何从。

爸爸因过度悲痛，暴瘦了十几斤，面对突然的噩耗，他不仅要调节自己的情绪，还要牵挂我的状态。

虽然我当时已在北京参加工作，但每天的工作时间长，收入也不高，只能维持基本的生活。工作上没有成就，精神上也没有寄托。我既担心爸爸以后的生活，又发愁目前收入太低无法承担家里的重担。

开始我还悲泣命运的不公，责怪苍天大地，后来我发现这一切都无济于事。

图31　母爱

我没想到独立生活才刚刚开始，就失去了前行的方向，甚至失去了继续下去的信心和勇气。

但是现实摆在眼前的是，父母已经年老，为了家人，我必须好好地生活，撑起家里的一片天空。那些年，我所经历的每个难处，都深深地印刻在我的生命里。

高老师的幸福解析

当我为了找到一个让学员获得幸福的方法，走遍一条又一条大街小巷去调查；当我为了节省时间，一天只吃两顿饭；当我多次因为思念妈妈，深夜独自徘徊在十字街头……我明白除了战胜困难、走出困境，我没有别的出路。

在巨大的困难面前，人往往可以快速长大和成熟。为了我的家人，我终于认清现实，明白了自己未来的发展方向和行动计划。是那场绝境，让我不再惧怕其他灾难和磨难；是那场困难，让我严格要求自己，大度地宽容他人。从那天起，我勇敢地面对死亡和生活，无所畏惧。

如今，我可以无比坚定地说：绝境，锻炼了我。

高老师的幸福之道

关于走出困境的幸福之道，我的理念是：面对它，战胜它，因为我们没有别的出路。

如果你此刻也处在人生的困境，不要怕，平静下来，按照下面我传授给你的方法一步步锤炼自己，相信你也可以和我一样变成全新的自己。

第一，越危急，越镇定。

谈到对困境的恐惧，其实，我们最大的恐惧不是困境，而是恐惧本身。这一点是我从很多真人秀节目里获得的启示。在一些电视节目里，经常会邀请当红明星进行前所未有的挑战。让我想不到的是，很多看起来柔弱的女明星，在主持人的鼓励下，也可以战胜恐惧，完成任务。

所以，当我们遇到困境时，首先要想的是如何去控制困境，而不是让困境的压力先来压垮自己，在困难面前我们需要自己给自己勇气。

妈妈走了，我从此没有了靠山，作为家里的一员，我不能躲避，更不能恐慌，除了勇于担当，我要做的就是列出自己急需解决的问题，一件一件地去解决。

生活不会总是笑着对我们，当有一天我们失业或者遭遇破产，再或者病倒在床，怨天尤人没有用，焦虑哭喊也无济于事，那就选择镇静地面对困境吧。

第二，寻找新方向，实现新突围。

在困境中，我们总习惯向他人求助，希望可以抓到一根救命稻草。而旁人最难回答的一个问题是："我怎么办？"对此，我非常认同《不抱怨的世界》的作者威尔·鲍温的理念：

"习惯性地向他人求助是一种最大的惰性，大部分困境中，能依托的是自我内心的能量。"

当困境来临时，我们不妨花一些时间，停下来，安静下来，独自思考。比如，当房价大涨时，不如增强自己的实力、努力提高收入，来跑赢房价的上涨；当对自己的外表不满意时就努力健身、读书，内外兼修；当人际关系遇到梗阻时就检视自己，改进沟通的技巧；当考试失败、事业失败时就结合自身特质，去寻找一条新的出路。

妈妈去世后，在家陪伴爸爸的日子里，我放下了很多的自以为是，反思过去的人生。自己不重视与同事的沟通和相处之道，以为培训课讲得好就是一切。每天工作十几个小时，本末倒置，得不偿失。全年无休假地工作，收入却依然不高，本质是没有在教学最前沿、最核心的领域和岗位奋斗；感情受挫，主要是自己没有从内心关爱体贴他人，让人难以亲近。

可以想象，如果不是这次困境让我思考和认清了自己的现状，未来的几年，我仍然会天天守着培训课，不重视技能的提升；仍然只有很少的朋友，独来独往；这样的我别说是照顾家人，就连改善自己的生活质量都成了问题，何谈幸福？

从家里奔丧结束回到北京工作后，我给自己定下了10条"军规"，全方位自律。3年内，我的人生实现逆转。

我专心准备每一堂培训课程，潜心研究幸福之道，这让我的待遇有所提升。工作之外，我开始阅读一些心理学、行为学、幸福学等书籍，学以致用，提高了自身能力。

当我在改变战略寻找出路时，我自然无法预计后面会遇到什么样的困境，但我知道变则通，通则达，达能行天下，不变则是死路一条。于是我拼尽全力去改变，在这个过程中，很多意想不到的机会也随之出现。

面临人生的低谷，是因为我们没有能力去跨越它。当我们的能力得到提升，那些曾经在我们眼中迈不过去的坎就成为一块平地或低洼，变得不足为惧。

所以，我传授给大家第二个打破人生困境的方法是：让自己足够强大，我们终将抵达光明之地。

03. 乐观之心更易好运，悲戚之心常遇困阻

开篇小谈

经常会有人向我抱怨："我的运气真差，倒霉的事总是找到我。"真的如此不幸吗？倒霉总是"偏爱"你吗？我看未必。

物随心转，境由心造，烦恼皆由心生。这句话的意思是说无论是什么样的处境，我们的快乐都是由自己的心来决定的。拥有积极心理的人任何时候都能看见光明，而怀有消极心态的人眼里只有无尽的黑暗。

情景再现

我有一个学员，为了隐私考虑，暂且叫她小贝吧。小贝在北京一家公司任策划部主管。她在网页制作方面有着非常高的造诣，经她指导设计出的网页都非常精美、时尚。她在公司的待遇也非常优厚。

正当小贝感觉万事顺利的时候，一场史无前例的全球性经济危机到来了。

这场危机使很多行业都受到了致命的影响,一些大公司被迫纷纷裁员。小贝所在的公司也未能幸免,公司为了缩小机构,迅速关闭了包括小贝所在公司在内的一批分公司,并开始裁员。

一夜之间,小贝变成了一名失业青年,尽管公司向她支付了一笔赔偿金,但这种巨大的落差让她实在难以接受,她没想到自己会如此不幸,竟然会赶上这场倒霉的经济危机,从一个风光无限的主管变成了一名下岗职工,让她怎么在亲戚朋友面前抬起头,她觉得自己是一个灰头土脸的倒霉蛋。

"我真是太不幸了!"小贝这样想,"我竟然会被裁员,我为公司作出了那么多贡献,我的能力和业绩在公司也名列前茅,关键时刻公司竟然让我出局,我真是太亏了,不值得。"

随后,小贝开始通过网络找工作,但因为那段时间正处于人才招聘的淡季,工作机会不仅少,质量也不高。自认为找工作不难的小贝,投了几份简历竟然石沉大海。这让小贝更难过了,失业的心情本就郁闷,找工作还这么困难,她甚至开始怀疑自己的个人价值,陷入了颓废、迷茫的状态。

最后,小贝索性放弃了找工作,她不想出门,更不想见亲戚朋友,不愿向别人解释她为什么没去上班。在家里实在没事做,她只好用打游戏和追剧来放松心情。

小贝的父母看着女儿整天窝在家里无所事事,不免着急,他们劝说小贝不要放弃,拓宽渠道,多方面去找工作,没想到父母的劝说不仅没有激励到小贝,反而激怒了她。小贝在家里咆哮说:"连你们也瞧不起我,认为我无用,要不是这次这么倒霉,我也不会失业,你们怎么能怪我?"

就这样,小贝不听从父母的劝解并封闭自己不与外界交往,终日意志消沉地生活着,完全没有了以前活泼自信的样子。

与此同时,另一个学员却活出了不一样的精彩人生,这位学员是小贝的同事,我暂且叫她小瑜吧。小瑜也被公司裁掉了,开始她的心情与小贝一样,难过、惶恐、意志消沉。但她只在家里调整了一周就决定重新上路。小瑜心想:"不就是失业嘛,只要天还没塌下来就总有办法,再说受到经济危机影响的又不止我一个人,我相信一定可以凭勤劳的双手养活自己。"

小瑜开始走遍大街小巷寻找机会。有一次,她发现家附近的一家服装店关门了,并贴出了转让消息。小瑜觉得这个地方不错,如果接下这家店,可以自己做点生意并且有可能会成功。

于是她仔细研究了店铺地段、了解了周围的商业配套、建筑设施和居住人群,她发现这家店附近有一所小学、一所初中,她想到学校附近最好做的生意就是开文具店。她仿佛看到了一丝胜利的曙光。

图32 乐观之心更易交好运

小瑜为这件事调查了半个月后,向爸妈借了些钱加上自己的积蓄,顺利盘下了这间店,经过简单的装修,一周后就正式营业。小瑜在开业前特意去了好几家批发市场,用她独特的眼光购进了一些非常时尚、个性的文具,如一些韩版、日版的笔、记事本、信纸、书包等。

小店开张后,小顾客们络绎不绝,小瑜选进的商品受到了学生们的广泛欢迎,特别是中午午休和下午放学的时候,店里挤满了学生,半年后她就请了一名帮手。不仅如此,附近写字楼的一些女白领也特别喜欢光顾她的小店,这些极具个性化的小玩意儿让白领们爱不释手。

没过多久,小瑜的小店就完成了回本和赢利的过程,生意越来越好,现金流也越来越多。小瑜和爸妈聊天的时候感慨地说:"我真是太幸运了,要是没有这场经济危机,我商人的天赋就被埋没了!"

小贝和小瑜在这场经济危机中的遭遇一样，不同的是，小贝始终抱着悲观的态度坐以待毙、消沉度日，小瑜在困难面前却选择了积极面对，始终抱着乐观的心态，对未来充满期待。

歌德说过："人之幸福会在于心之幸福。"心态不一样，看待问题和处理事情的方式都会不一样，比如大雨过后，悲观的人只会低头看地，他看到的将满是泥泞与绝望，但乐观的人则会抬头看天，他看到的是蓝天和美丽。心里有阳光，雨天也是一种浪漫，心里下着雨，晴天也是一片阴霾。

高老师的幸福之道

相同的环境，不同的人生态度，心中美好，一切美好。对于我们遭遇的不幸，我的幸福之道是：培养自己乐观的心情。运随心转，让不好的运气随着我们好的心情转走。当然，以下三个技巧可帮助我们收获好运。

第一，行善、积德、开运。

我们说赠人玫瑰，手留余香，是指人与人需要互相帮衬，在别人需要帮助的时候，不要吝啬自己的帮助。有一天，我们也许会得到别人真诚的回报，我们的好运也会接二连三地到来。

第二，好运不会在你的等待中从天而降。

有很多人，做事前是战战兢兢、畏手畏脚，总是怕失败，设想着种种不顺和不好的运气。但好运不会在我们的等待中来到我们的面前，只有在我们不断的尝试中它才会出现。

第三，带上正能量出发，坏运气就会远离。

不要老是说："真倒霉，为什么我的运气这么差？"

如果不是工作不认真老是出错，领导会扣我们的工资吗？如果不是上班打游戏，领导又怎么会当众批评我们？如果不是深夜追剧，第二天上班又怎么会迟到？

其实很多错误是由于我们自己的主观因素造成的，不要老是曲解和抱怨，带上正能量，事事都会顺利很多。

04. 乞求他人的怜悯，不如让自己强大起来

🏠 开篇小谈

在北京西单的街头有很多乞丐，有些是老弱病残，但有一些却是年轻力壮的青年。

每次看到那些年轻力壮的乞丐，他们总是同样一副表情或手段——在面前摆上一张纸，纸上写的内容也差不多，无非就是没有回家的路费、家里有病人需要药费、为妹妹或弟弟筹学费等。

每当此时，我总会想，年轻人四肢健全，为什么不去找些活做，要采取这种乞求他人的方式呢？现在的社会，只要你肯干活，不管是做餐厅服务员，还是发传单，就算是去工地当小工，也完全可以养活自己。

常言说"男儿膝下有黄金"。跪下来就意味着低人一等，就意味着需要伸出双手去求得他人的施舍，这是一件多么没有自尊的事情。然而他们却心安理得地接受了这样的生存方式。

📎 情景再现

我曾经在网上看过这样一个故事：

有一个失去右臂的乞丐沿街敲门乞讨。在一个房子面前，女主人问明原因后，指着门前一堆砖对他说："你帮我把这堆砖搬到屋后去吧，我就给你钱。"乞丐当时有点恼羞成怒，前面的乞讨都很顺利，今天也收入了几十元钱，怎么会碰到这么小气的人，她竟然还想侮辱我。

这时，女主人自己用一只手搬，搬了一趟停下来对乞丐说："你看，一只手也能干活。我能干，你为什么不能干呢？"乞丐怔住了，半晌，他缓缓地俯下身子，用左手搬起砖头。

第6章
你需要领悟的——走出困境，人生就是碧海蓝天，赢在挫折后

两小时后，女主人递给乞丐20元钱。这笔收入虽然挣得有点辛苦也并不高，但乞丐觉得自己拿得很坦然。

多年后，乞丐成了一位气度非凡的大老板。有一天，他特意回来感谢那个曾改变他命运的女主人，女主人对他说："你不用感谢我，这都是你劳动所得。"

☀ 高老师的幸福解析

除了乞讨金钱，下跪求职也许更让人难以接受。前年，我看见一个新闻报道：

湖南高校一名历史专业的研究生，竟在求职现场跪倒在湖南环境生物职业技术学院院长的面前，请求院长给他一个工作机会。

图33　下跪求职

研究生都用下跪的方式求职，这听起来让我们对残酷的就业形势感到焦灼，真有这么难吗？

经过调查我发现，很多高校毕业生对自己职业定位很高，没有找到自己心仪的职业就不去工作。难道就不能先就业再择业吗？和湖南这位研究生一样，在我的学员里，也有一个研究生，他曾告诉我，在他刚毕业时，找工作也是四处碰壁。后来，为了生活，他在北京一个企业里做清洁工。

与其下跪乞求怜悯，我想，大多数人更赞同后面这位学员的做法。

除了金钱、就业，还有一种跪求怜悯的就是爱情中的低三下四。

我有一个学员在和男友同居后，男友向她承诺两年后结婚。开始两人如胶似漆，天天黏在一起。半年后，男友常常很晚才回家，周末活动也很多，问起来总说加班有事，但是每次回家身上都有一股香水味。

这位学员深爱着自己的男友，为了挽回男友的心，她拒绝参加一切社交活动，也不怎么逛街。她把家里打扫得干干净净，认真学习烹调手艺，为男友整理衣物，就连与男友说话也是轻声细语、礼让三分。然而，她的用心付出并没有感动男友，男友依旧我行我素。

看到这位学员的情况，我非常痛心。她为了维系与男友的爱情，已失去了自我。我不由得劝她，不要去乞求已经变了心的爱人，好好爱自己，珍惜自己，只有这样，才能得到别人的珍惜。

在爱情中，不管我们多么深爱对方，也不能为了爱情低三下四，但凡求来的都不能长久。只有心心相印的爱情才是最稳固的，指望用卑微的态度、不对等的付出来获得对方的爱，这种想法和做法都是不可靠的。如果想使爱情变得牢固，最有效的办法就是投资自己，拥有光芒四射的磁场，再也不用担心爱人的离场。

高老师的幸福之道

不管是金钱、工作还是爱情，都不是乞求能够得来的。乞求别人，就只能仰视别人，而别人俯视之下看到的是一个卑微的可怜虫，就算我们能用自尊换来怜悯和施舍，但从此会低人一等，如果不想被看轻，不妨强大自己，用自己的劳动获得心安理得的收入。

第7章
你需要做到的——不抱怨职场，改变个人命运的积极正能量

在职场里，抱怨就像空气一样无处不在——抱怨公司薪酬福利、抱怨上司的刁难、抱怨同事的不合作……这么多的抱怨非但不能改变现状，反而让我们陷入职业倦怠期。身处职场，我们努力工作和不断进取，除了获取好的职业成就和物质生活外，更重要的是，我们需要寻找属于自己的职业幸福感、自我满足感，这才是对我们努力工作最高的回报，这才是改变个人命运的积极正能量。

01. 职场上，哪有什么"稳定"

☀ 高老师的幸福解析和情景再现

在央视众多的主持人中，张泉灵是我非常欣赏的才华与智慧兼备的一位。2015年7月，她辞去了公认的"稳定工作"，转型去做创投。当有记者采访她，问她为什么会做这样的选择时，她的回答让我记忆犹新。她的原话是这样的："这个世界正在翻页，当这一页已经翻过去了，你还在为原来的那一页很高兴呢。"

在生活中，我经常听到有人跟我谈及工作稳定问题，每当此时，我的内心想法是："职场上，哪有什么稳定，你所认为的'稳定'只不过是一种'养老'，它会逐渐束缚了你的创新能力。"

对于这一点，罗振宇的观点与我不谋而合。三年前，罗振宇在做"逻辑思维"的时候，就提出过"职场的U盘化"的理念。这个理念是说人在职场上就要像U盘一样，不用自带系统，可以随时插拔，自由性高。

在职场上，我就是一个"U盘式"员工。

我到底是企业咨询、培训师还是幸福之道传播者，有时自己也感到困惑。节假日，朋友们都在休假，我还奋斗在工作岗位上。可比起前些年稳定的日子，我更喜欢现在自己的工作状态。至少现在的忙碌让我觉得我是有价值的，我的才华得到了充分发挥，我没有白白浪费时光。

不只是我身兼数职，我周围这样的人好像越来越多。

传统行业，我们可以说自己在"××公司"或者"××单位"上班，自己所在的岗位是我们的职场身份。有的事业单位还得考"编制"，有了编制工作就是铁饭碗,就更有归属感,单位就成了自己的衣食父母。

随着时代的进步,现在"铁饭碗"的思想好像渐渐变得不那么浓重了。白天上班,下班后可能在做代驾;平时是企业白领,周末可能变身淘宝客服与买家斗智斗勇;做传媒的刘同写了本心灵鸡汤,没想到同名电影都出来了;还有人做起了微商,卖起了各种产品……

主业是劳动合同8小时之内做的事儿,8小时之外的副业收入,说不定更多,花的时间也不比主业少。所以网上经常有这样的言论,未来"公司+组织"的传统模式将消失,"平台+个人"的模式将成为主流。

当所有的事情都能通过互联网解决,实体公司的存在感就更低了。单纯因为职业的需要,把三观不同、兴趣各异的人集合在同一个屋檐下,还真有点缺乏人性化。现在的职场已经不局限于机关单位、写字楼了,一台电脑、一支笔、一部手机,随时都能开始工作。这样的工作形态没有时间的约束、更没有空间的限制。

因此,未来的公司可能不用再进行新员工培训,灌输企业文化了,因为在正式入职之前,大家就有了相同的价值观,自发形成了一个集体,成立了平台。互联网的一个很大作用就是解决了信息不对称的问题。在互联网上,我们能快速地找到适合自己的群体。

未来的发展趋势,跳槽率一定会越来越高,跳槽的风险会越来越低。因为我们工作并不单纯是为了填饱肚子,而是为了实现自我价值。特别是"90后",他们不是垮掉的一代,更不是脑残的一代,他们已经是社会劳动力的主力军,对人生、职业有自己的规划。如果这份工作对他们来说没有上升空间,他们会毫不犹豫地辞职。当年的我们太保守,想做就做的想法太理想,但是现在他们做到了,"90后"是这个时代的希望。

我最近开始接触创投圈,发现这个圈子里有很多很有想法的"90后",他们中有很多人都是在500强企业工作过的,但是他们觉得自己原来的工作太死气沉沉,或者晋升的机会渺茫,于是干脆选择不干,浑身充满着"此处不升爷,爷自己立门户"的霸气。

稳定和归属在现在的状况下显得有点格格不入,我们的人生得自己做主。

"雇员制"会慢慢地退出时代的舞台,"合伙制"正在茁壮成长。未来招收员工,除了要有薪水,还要有一张充满无限可能的企业蓝图。你可能会说,实体公司还是会存在的,大家在一起办公,效率会提高很多,沟通也没有障碍。可是,真的是这样吗?

图34　全新的工作模式

从沟通的角度上来说,视频通讯、电话会议确实不如面对面沟通高效。但是我们现在很难找到一整段时间,把大家聚到一起,完全不受干扰地讨论同一个话题。对于我来说,这种整段的不受干扰的时间,恐怕只有在飞机上了。所以,我从来不觉得飞机上的时间无聊,反而很享受这种不受打扰的时光。我可以安心地读一本书,平静地小睡一下,或者心无旁骛地看一部电影。

但是只要在职场上,表面上只有8小时,然而随时都有不受控制的事件消耗着我们的时间。上下班的交通消耗,也是一种浪费。我相信,将来上班的时间一定会越来越灵活,未来的岗位设置一定会越来越科学。未来更多岗位的需求和设置,是以项目、KPI为驱动,而不是以上班时间来衡量。

高老师的幸福之道

如今的时代,我们可以选择做自己喜欢的事情,在家办公的自由职业也不再被视为失业。职场不再是一条单向赛道,我们也不再需要一条画好斑马线的马路。对于如何择业及跨业,我给出以下三点建议。

第一，跨界的能力。

在未来，职场一定会更注重一个人创新的能力，更追求艺术和技术的结合。也就是说，将来的职场，身怀多技的人更受青睐。比如，评价一位产品经理是否优秀，不是看写代码的能力，而是看心理学功底和审美能力。

跨界的真正意义，并不是多一个身份、多一个技能，而是你能不能灵活地运用自己的这些技能，进行有效整合，发挥出一加一大于二的效果。

跨界并不像说得这么简单，要求一个人具备战略定位、时间精力管理、行业趋势判断等一系列具体操作的能力。

跨得好，就是锦上添花；跨得不好，恐怕就麻烦大了。

第二，分享的能力。

我们通常说的分享，是指一个人的意愿，但我觉得分享更倾向于一种能力。因为人都是渴望被关注的，当站上舞台，每个人都有表演的欲望。所谓的社交恐惧，并不是害怕与人交流，而是害怕与人交流后得到不好的评价。未来是分享经济的时代，往往自带魅力人格属性的产品能卖得好，罗振宇和罗永浩都已经证明了这一点。一个人愿意分享，很容易让他自带光环。

分享并不是一件抽象的事情，而是很细节、很具象的能力。我们展示给大家的一切就是在分享。比如，你发朋友圈、发微博告诉大家你去看了爱豆的演唱会；你在直播平台直播朋友间的聚会；你的穿衣搭配、举止谈吐。不管是动态的还是静态的，文字的还是语言的，都在透露你的品味、性格、逻辑等。因此，分享能力是一个人综合实力的体现。

第三，做"自燃型"的职场人。

我相信，非稳定工作会成为工作的常态，自由职业者渐渐会变成社会的主流，真正的自由职业者一点都不自由，因为，自由是通过自律换来的。

我国台湾画家几米接受采访的时候谈到过自由职业者，他说自由职业者其实一点都不自由，他们要比常人更自律，假如不在规定的工作时间内完成该做的事情，就会变得越来越散漫，逐渐堕落。

脱离自律的自由没有任何意义；真正的自由职业者内心都有一台永动机，

说白了，就是他们不用鸡汤，自带鸡血。

这个世界已经翻页，你跟上时代的脚步了吗？

02. 如何做职业规划

☀ 高老师的幸福解析 + 情景再现 + 幸福之道

在做企业员工培训时，学员们问我最多的问题就是"该怎么进行职业规划"。想想也是，现在职场上的每个人都非常关心自己的工作是否有发展空间，但我想问的是，你们知道自己想做什么吗？有自己的目标吗？

到底该如何规划自己的职业生涯？在回答这个问题之前，我们先来弄清楚以下三个问题。

第一，专业=专长？

很多人都分不清楚专业和专长的区别，认为专业就是专长。我最近收到很多毕业生的邮件，他们向我讲述自己的面试经历，当被问到职业规划时，他们基本上都会回答现在阶段还没想那么远，只想多学习，安心做事。很明显，这并不是 HR 想要的答案。于是他们开始怀疑自己是不是适合这份工作。

我并不了解其他专业，但就财务工作而言，面试官很看重你对自己的认知和评价，这是职业规划的前提。

说到这，你急需明白一点，专业不等于专长。

很多人认为，专业只是个代号，专长才能让自己在职场上披荆斩棘。那你清楚什么是专长吗？说得简单一点，就是别人做不到的事情，你轻而易举就能拿下。

比方说，我是药物分析专业的，但我的专长是表达。于是，在刚刚走上工作岗位的时候，我的上司有意锻炼我出具质量报表以及质量分析报告的能力，然后让我出席公司大会并鼓励我发言，因为有专长做后盾，质量分析这项工作对我来说充满了乐趣和挑战，精彩发言的前提就是要做好分析，为了能够畅快淋漓地表达，我觉得枯燥的质量分析有趣多了。

质量分析能力提升之后，一个偶然的机会，我转行专门从事质量管理培训工作，工作内容就是质量管理咨询，因此，我大部分工作时间都在和公司的管理人员打交道。我喜欢与人交流并从中获得我想要的信息，很多与人打交道的技巧都是那个时候学会的。这些经历无疑为我今天从事培训工作积累了宝贵的经验。

当听到别人问我如何才能成为一个质量培训师时，我会告诉他们，与证书相比，这个行业更看重的是表达和沟通能力。我身边有很多经验丰富的质量人员，当他们想表达自己的想法时，总是表达不清楚，或者说出来对方也理解不了，这就体现出专长的重要性了。

每个专业都是一个大框架，下面有许多小分支，结合自己的专长选择一个方向努力，可能更容易成功。

比如在外语这个专业里，有韩语、日语、德语、法语、英语、西班牙语、阿拉伯语等，每种语言又分很多方向，比如商务方向、教育方向、旅游方向等。那么你的性格如何？你有擅长的事情吗？如果你性格开朗，表达能力强，那么旅游方向是个不错的选择；如果你有责任心，知识面广，那教育方向或许会适合你。

第二，兴趣为主还是钱为主？

我们都知道"兴趣是最好的老师"。工作的时间越长，我越觉得这句话有道理。我常常拿自己的例子跟大家讲。我的第一志愿并不是质量管理，当然，这个志愿也不是我父母强加给我的，因为我也不知道自己想学什么。如果你本身就有某个兴趣，想去深入了解，那就勇往直前吧，不要轻易放弃。

我有一个朋友，她是学机械设计的，但是她对亲子教育特别感兴趣。明确了这一目标，她毅然决然地放弃了高薪稳定的工作，在一家儿童活动中心当起了指导师。这份工作不仅能让她学到想要的技能，还能解决她的生存问题。在工作的同时，她还考取了相应的专业证书，现在正在筹划自己的亲子教育工作室，不久就要开业了。

我之所以转行做职业培训，就是因为我觉得比起专业本身，我更喜欢交流，喜欢与人打交道，我能在帮助别人的过程中收获巨大的快乐。

图35　做自己专长的事

一个人只有在自己热爱的工作岗位上才能发光发热，这份原动力就是兴趣，是发自内心的爱。比起高薪的刺激，我们追求的是在岗位上实现自己的价值。只要继续坚持下去，终有一天会从量变到质变，你将收获不可思议的成长与人生。

第三，你有职业定位吗？

每次我问我的学员，谈谈你的职业定位。答案大部分都是刚参加工作月薪2000元，第二年争取上涨到4000元，第三年、第四年……听完他们的回答，我很想给他们发那个黑人问号脸的表情包。这是职业定位吗？

职业定位第一点：成为核心部门的核心员工。

核心部门就是能为企业创造利益的部门，那在核心部门里为企业创造利润的员工就是核心员工。有一点要明白，不是每个岗位的员工都是核心员工，你要时刻清楚你的目标。

职业定位第二点：公司定位。

单位不同，工作特点也不同。比如事业单位，工作稳定，收入稳定，福利待遇好，社会地位较高，说出去自己脸上有面子，缺点就是职位晋升很难。外企的优点就是薪水高、工作环境好，但是很难见到大老板，也很难进入中高层管理。私企呢，优点就是晋升渠道多，而且只要业绩好晋升的概率是很大的，缺点就是不稳定。自主创业风险就更大了。

那么现在问题来了，你将来想过怎样的生活？是每天充满挑战，探索未知的未来？还是日出而作、日落而息？

我喜欢自由，喜欢新鲜感，喜欢探索未知的刺激，所以改做培训师的这几年我很开心。我每天都能接触到不同的人，而出差对于我来说更像是一种充满新鲜感的体验，所以我是不会选择事业单位的。

职业定位第三点：城市定位。

每一座城市都有自己的特色，你想要怎样生活就选择和自己理想相符的城市。大城市机会多，节奏快，如果你是一个能力很强的人，那么很容易出人头地；小城市机会少，生活节奏慢，相对来说比较稳定。选择没有对错，只有适不适合。

抛开上面这些因素，情感因素也要加入考量的标准中。在规划自己的职业生涯时，一定有不同的声音从四面八方而来，你要坚定，目标要明确，自己内心的声音最重要。一言以蔽之，职业规划的过程也是自我定位的过程。

03. 职场遭遇小人，要撕吗

情景再现 + 幸福之道

在我的培训班，曾经有一名学员，初入职场便惨遭"踩躏"。事情是这样的，一天上午，她和人事经理正在总经理办公室讨论一件事情，突然人事经理转过头对她说："你今天上班前没和你男朋友吵架吧？"

她瞬间呆住了，这个蹊跷的问题让她百思不得其解。"你怎么知道她和男朋友吵架的事情？"总经理追问人事经理。

"是这样的，我看她今天兴致不高，就想起前两天发生的事情。两天前，她在办公室和销售部的业务员起了冲突，她告诉我那天早上出门前她和男朋友吵了一架，因为心情不好和业务员沟通中就发生了争吵。"人事经理幽幽地说。

她完全蒙了，匆忙辩解说："不是这样的，我和男朋友吵架与业务员起冲突根本不是同一天。"

总经理语重心长地对她说："你现在是公司的出纳，虽然工作不复杂，但责任重大，千万不能情绪化地工作，目前我已听到有人反映你喜欢把私人情绪带到工作中了，如果你下次还这样，我就要考虑换人了。"

她气得脸都红了，人事经理看着她，露出一丝得意的坏笑。

她刚进入公司时，人事经理就像大姐姐一样关照她。不仅向她传授一些如何避免职场潜规则的方法，还告诉她与本部门的人要保持距离，如果遇到什么困难不要先和部门领导沟通，可以找她说。

她一度很开心同事中有一位大姐为她撑腰，于是她对人事经理毫不设防，无论是工作还是生活，经常向人事经理倾诉。但她万万没想到，人事经理竟然在总经理的面前陷害她，让她百口莫辩。她想来想去，认为自己并没有做任何对不起人事经理的事情。

"高老师，我感觉自己在公司待不下去了，你说要不要辞职啊？"那天，我收到了她的微信。

如果此时她选择离开，最开心的是人事经理，人事经理如此处心积虑地对她，就是想让她知难而退。

"眼下你只需要做三件事情，第一，主动向总经理承认错误，表明悔改的决心，不要打算再去解释这件事情；第二，从此谨言慎行，对涉及敏感工作或个人隐私的话题要充耳不闻；第三，工作中要多留心，特别是与人事经理有关的报销收付款，寻找疑点，争取一举洗刷自己的委屈。"我回复道。

她听从了我的建议，第二天坦诚地向总经理认错；接下来和人事经理保持了正常的工作往来，不再谈及其他。

因为她的突变和沉默，再加上黑锅事件的发酵，各种风言风语向她袭来，公司有人说她在装高冷，还有人不怀好意地揣测她是不是失恋了或是要被辞退了等。她一概不予理睬，认真踏实地做好每项工作。

有一天，她从总经理那里取来一堆签好字的报销单，其中一份是人事经理的。她翻看这份报销单时发现后面的附件是一张手写发票,这张发票有些奇怪,她感觉自己好像见过,再仔细辨识,发现发票的左上角有一块缺失,忽然一个想法从她脑海里跳出:这张该不会是以前报销过的发票如今又打算重复报销一次吧?

她仔细查阅了以前的现金日记账,找到了一笔类似的业务,打开凭证,果然,后面的附件竟然消失不见了。

接着她想起来,大约一周前,人事经理向会计借阅过会计凭证,说是要查阅人事部的费用,她找出借阅登记表再次证实了人事经理偷走发票重新报销的事实。于是她带上资料去总经理办公室如实汇报了事情的疑点。

图36 遭遇职场小人

这件事情引起了总经理的高度重视,财务是绝不允许出现漏洞的。总经理找来一家会计师事务所对公司财务进行了一次全面审计,更对人事部的费用支出重点审核。结果真是骇人听闻,过去的几年间,人事经理利用公司的财务漏洞,在报销上做了不少手脚。

真相大白后,总经理让人事经理赔偿了公司全部损失并立即辞退了她。人事经理离开公司时,她特意去送别,想知道当初为什么无故陷害她。结果人事经理告诉她,一次无意间发现她为一个不合格的单据与别的同事争吵,觉得她可能很坚持原则会对自己不利,所以就想办法要把她赶走。

本来她还觉得自己做事太过决绝,心里有些过意不去,听完人事经理的话,她一下子豁然开朗。

在职场中,每个人都有可能遭遇像人事经理这样的小人,这时我们应该怎么办呢？要撕吗？是消极回避还是积极应对？答案已经不言而喻了。这位学员用她的故事向我们证明，职场的幸福之道——职场遭遇小人，一定要撕！

高老师的幸福之道

职场中，每个人都会遭遇小人，这时候我们在心里不停地问自己"要开撕吗"？我知道有很多传统的培训师会倡导"不撕"，让我们"放下"，劝我们"冷静"，让我们"心胸要开阔"……对此，我不想评判谁对谁错。我想说的是，如果不撕，对方可能会无数次地针对我们。试问，这样的工作氛围，何谈幸福？所以，我的建议是面对职场小人，要撕！

要撕，但一定要懂得"撕"的方法，下面我给大家一些建议，希望我的这些经验确实能够帮助到大家，这就是我最大的欣慰。

第一，职场里很难有真正的友情。

职场充满了竞争，再好的朋友也常常会处于利益的对立面，俗话说"职场如战场"，这一点是没有错的。所以，我们在工作中，可以与人友好相处，却不能把对方当作亲密无间的朋友，什么话都说。这样做的结果只能导致我们被人拿捏住短柄，在关键的时候，给我们致命的一击。

第二，时机不成熟，默默地积蓄实力。

有一句职场真理是：你可以选择朋友，却不能选择同事。不要幻想职场里会有一方世外桃源，离开这个是非之地，下一个也不可能会是净土。因为职场就是利益的硝烟场，不要老想着用回避来解决麻烦，选择积极应对吧，如果时机不成熟，就要学会忍耐，默默地积蓄实力。

第三，把对方甩在背后，当他望尘莫及时，嫉妒才会自然消散。

职场的大多数争斗都源于嫉妒，而别人对我们的嫉妒是因我们与对方的差距不够明显，只有远远地把对方甩在背后，当他望尘莫及时，嫉妒才会自然消散。

门槛越低的地方竞争越激烈，职场争斗最多的往往是基层岗位。人们一般不会去跟总经理或财务总监竞争，我们的职位越高越不可替代，才能最终摆脱嫉妒。

第四，让自己强大到不可替代。

职场生存之道不是拉帮结派更不是溜须拍马，让自己强大到不可替代，我们就可以驰骋职场。对此，我很喜欢吴淡如的一句话："没有永远的痛，除非你天天提醒自己记得它。"

04. 人与人之间，营造"感觉"比兜售"能力"更重要

开篇小谈

如今，随着高等教育的普及，大学生的数量越来越多，以至于很多大学生调侃道："毕业等于失业。"所以，每年到了毕业季时，诸多大学生都开始摩拳擦掌，使出各种本领，希望在面试官面前大显身手，获得一份工作。

现实总是残酷的。由于大学生的人数众多，工作的机会却较少，所以，很多大学生找工作都要用好长时间，有的甚至一年也没有找到一份满意的工作。于是，在我的培训课上，经常会有年轻的学员向我请教关于面试的问题。

所以，我决定利用本节来向大家传授一下职场面试的一些小技巧，希望有助于大家面试成功，到达幸福职场的彼岸。

情景再现

1999年，我从沈阳药科大学毕业，直接和一批校友找到了理想的工作——联邦制药。后来想换工作时，面试了好几次，结果都不太理想。我不知道自己的原因出在哪里。我每次去面试时都准时到达，甚至提前到达。当面试官问我对工作的看法时，我会滔滔不绝地讲起我之前的实习经历和学习成果并附上一沓厚厚的

职业测评及规划。

然后，我会向面试官表示自己能做好这份工作的决心。但是，大多数情况下，面试官看都没看我一眼，光顾着浏览手里的资料了。等面试官翻阅完我的资料后就会对我说："好的，你的情况我们了解了，你先回去等通知吧，一周后给你答复。"

这一等，就再也没有了下文。问题出在哪里呢？

在出租屋里，我仔细把自己的面试过程回顾了好几遍。突然，我灵光一闪，隐约中好像知道了自己的问题出在哪里。刚好隔天就是一家咨询公司的面试，这可是我梦寐以求的工作。为了证实自己的猜想是否正确，我决定利用明天好好准备一下，力证我的面试技巧。

第二天，我抛弃了原来的面试方法，重新进行了一番准备。第三天，我自信满满地去咨询公司面试并被录取，获得了我在北京的第一份工作。

高老师的幸福解析

当时我只是一个刚刚毕业两年的大学生，也没有耀目的成就，为什么他们会对我"情有独钟"呢？

其实，在我看来，面试成功与否是有迹可循的。通俗地说，我们完全可以用很短的时间做好面试准备，并给面试官留下深刻的印象。而这一深刻的印象并非来源于能力，而是始于感觉。用一句比较流行的话说就是：人与人之间，营造"感觉"比兜售"能力"更重要。

高老师的幸福之道

面试，其实就是把自己推销出去的过程。作为应试者，我们一定要明白，相对于推销自己的能力，兜售良好的感觉更为重要。这是为什么呢？

我还记得我有一个学员小刘，她是对外汉语专业的研究生，学习管理纯属兴趣爱好，她的面试过程非常顺利，成功应聘上北京一家外企的人事专员。

后来,我问她面试成功的经验时,她说:"其实我觉得工作经验不是最重要的,很多面试官往往更看重你这个人到底可不可靠。"

小刘的长相并不出众,但是她爱笑,让人倍感亲切。她和另一个同学一起去面试,另一个同学是典型的高冷美人,因为表情严肃,总让人产生距离感,因此面试屡屡受挫。

就算没有工作经验也不要紧,我们要尽量表现出自己踏实好学的一面,因为职场都大同小异,先入行摸清楚门道才有选择权,刚开始不要太挑剔。

其实没有必要把面试想得太严肃,因为我们今天面对的面试官今后可能会成为我们的同事。他们希望自己的下属好沟通,所以如果在能力与感觉之间选择,对于一般性的岗位,面试官多半会选择后者。

图37 注重面试时的感觉

有句话说得好,人生如果要走出更大的格局,力量与温暖绝对要并存。因此,别忙着推销自己的能力了,闲下来好好想想,如何加强联结力,营造一份好感觉吧。

那么,在面试时,如何给面试官营造良好的"感觉"呢?我把自己的面试技巧总结如下。

第一,精简简历,让面试官看到他想看的。

简历切忌太过啰唆,把自己的所有重要信息精简在一张A4纸上。这样既简单整洁又条理清晰,让面试官能在短短几分钟内了解我们的信息。比如我们的工作经历、具备的能力、个人评价等。

第二，肯定地告诉面试官——这份工作一定要你来做才合适。

你相信吗？对于我们是否能获取一份工作，在进行自我介绍时，面试官就已经作出了决定。

在培训课上，我经常听到很多年轻学员讲述自己去面试时的自我介绍，会把自己学习的情况、实习经历、特长等都讲给面试官听，以便面试官判断自己是否合适这份工作。这一点是很多年轻人犯的错误，我之前也是这么做的。

如果你也这么做了，你获取这份工作的概率会较低。

那么，在做自我介绍时说些什么呢？

我的回答是：要肯定地告诉面试官——这份工作一定要你来做才合适。

我在咨询企业面试时，我告诉面试官："我看到这份工作的要求和我之前的工作非常类似。"

如果能向面试官列举出 5 条"相似"，那么我们获取这份工作的概率就增加到 80%。

请永远记住：所有的公司都不想栽培"潜力股"，而是更想"捡现成"的。

第三，面带微笑，谨慎回答面试官的问题。

面试时不要过于紧张，一紧张容易影响自己的发挥。尽量避免一些情绪化的表达，年轻人最忌讳意气用事，此时需要表现自己想要在企业长期奉献的决心。

在回答"为什么辞职"这一问题的时候，一定要谨慎。不讨喜的离职原因包括：和老上司相处不好、看同事不顺眼、老板不行、工作业绩差……

在回答这一问题时，我建议大家站在企业的角度回答这个问题。如果我们说工作太累，什么工作不累呢？重点在于我们自己有没有进步。

如果我们回答薪水太低，那我们有没有为了涨薪水做过一些努力呢？除去日常的工作，我们有没有提升自我价值？如果我们当真不可替代，那么工资还少就是老板的问题了。

所以，尽量挑一些主观上无法避免的原因说给面试官听，比如私人原因、家里出现变故等。

重要的是,你要向面试官传达这样一个观点:你想要一份稳定的工作。

第四,你的缺点是什么?避重就轻地回答。

在面试时,很多面试官会问:"你的缺点是什么?"这是一个非常不好答的问题。

在这里,我教给大家一个技巧:避重就轻。什么是避重就轻呢?

重就是人际关系、工作能力、性格等方面的缺点。如果我们说"我的缺点就是不仔细""我的缺点就是与人相处不和谐"……那么,你在这一刻已经失去这份工作了。

什么是轻?我举个简单的例子,我方向感不太好,我吃得挺多之类的。

说到这里,肯定很多人会质疑:我说这样的缺点,面试官会不会觉得很假?我肯定地告诉你,只要你的"假"不至于让面试官想吐(比如,我最大的缺点就是做每一件都很认真),那么你就成功了。

第五,证书没必要都展示给面试官看。

通常来说,面试什么岗位,只要把相关的证书展示出来就行了。如果一次性展示太多,面试官会觉得我们把时间都放在考这些证书上了,对工作并没有太多投入。

05. 你欠缺的,恰恰是专业以外的能力

☀ 高老师的幸福解析 + 情景再现 + 幸福之道

在第4节,我告诉大家,我大学毕业后的第一份正式工作是在联邦制药企业当质量检验员,后来公司从内部招聘培训师,我从近100人的竞争中险胜成为公司培训专员。在人力资源部实习了半年,上岗之前,人事主管和蔼地对我说:"你刚从学校毕业,没什么工作经验,培训工作能让你学会什么是团队合作,这是你们进入职场的第一课。"

人事主管的这句话我牢牢地记在心里。在我给员工培训的过程中，慢慢地，员工对我的评价开始好了起来，说我"愿意吃苦，虚心好学，有亲和力"。记得我进公司的第一年，年底开联欢会的时候，我参加了公司的演讲比赛，获得了满堂彩。下台之后，我听到好多人都在说："讲得真好，你看，这就是我们的培训师小高，真了不起啊。"

我第一次受到了莫大的认可，但是在此之前，我一直很自卑。我觉得我在人际交往方面的成绩简直是零分。我的这种无能感，源于我上学时糟糕透顶的人际体验。

从小，我爸妈就要求我好好学习，其他的事情都不用操心，加上我家庭条件一般，内心有点自卑，于是学生时代我只知道埋头学习，成为了头脑发达、其他全简单的"好学生"。我没有兴趣爱好，也没什么朋友，我成绩很好，但是每次评选三好学生都没有我，我也不知道为什么。以至于有段时间，我甚至怀疑自己"有病"，所以大家才不理我，我越来越害怕，也越来越孤独。

因此，当我在联邦公司受到大家一致好评的时候，我非常激动，差点哭了出来。原来我并不是一无是处，我终于明白，只要我真心对待大家，别人一定能感受到我的真诚。

我当时的感想是，不要觉得我们做的事情小就不重视，就算眼前做的事是那么微不足道，积少成多，越来越多的小成就最终会成为大成就，让我们的内心有无与伦比的满足，激励我们继续努力。

接下来，我再谈谈后来为什么进入企业咨询、培训师这个行业。

做了两年的员工培训工作，我陷入了职业的疲倦期，觉得什么都没劲。后来我发现，不是我一个人这么觉得，百分之八十的人工作时间久了都有这种感觉。这种安定磨灭了我们的斗志，渐渐地，我们都变成了停滞不前的人。

望着身边的同事们，我感到很心寒。身处职场，我们大部分人基本上每天都埋头工作，可是我们的付出在老板眼里也许并没有多少价值。我们深陷一堆堆单据和数字中无法自拔，不知道怎么处理人际关系，更不知道如何帮老板增加企业利润,提不出建设性意见等。

因此,现在普遍的情况就是,很多人做了一辈子同样的工作,他们的职场生涯如同一条没有生命力的心电图,没有任何起伏。当我从职场小白进阶成员工培训专员时,我进入了职业生涯的瓶颈期,我迫切地期望改变,渴望接受挑战。

图38 工作能力

所以,我辞职进入了培训行业,一做就到现在。我将没做培训之前我具备的能力与做培训之后的能力做了比对,发现了一些意外的收获。

第一,提高了自己的演讲能力,磨炼了耐心。

我现在遇到问题时不再逃避了,学员们问的问题千奇百怪,有的问题我真的不知道怎么回答。但是作为培训师我不能逃避,只能想尽办法把问题搞懂,再用学员接受的方式给他们解答。在这个过程里,我的耐心提高了不少。

我在培训行业已经近16年了,面对大型的演讲培训我游刃有余。这些年来,每当陷入迷茫的时候,我会问自己,如果没有这份工作,我要怎么养活自己?

第二,表达能力有所提升。

我之前做员工工作的时候,说的都是如何让员工更好地为企业服务之类的话。但是培训行业不一样,有的问题我要自己先搞懂了,才能给大家讲,光照本宣科是没用的。

这里面涉及信息的输出与传递能力,而这种能力比获取信息更为重要。有好多学员都会和我吐槽,自己每天都辛苦地上班,可为何这些年的工资并没有多大的提高?问题多半出在信息的输出与传递上。

怎么把枯燥的数据转化为通俗易懂的话让老板听得懂?这个过程比工作本身更有意义。很多人不能站在老板的角度思考问题,这才是导致自我价值的认知与老板对自己的价值认知出现偏差的主要原因。

第三,增强了帮助他人的能力。

帮人也是有技巧的,如果我们帮了倒忙就会"热脸贴冷屁股"。我需要通过与学员的交流,了解对方的性格和接受能力,给对方合理的建议。在上课时我也会因材施教,根据学员不同的情况,灵活调整上课内容。帮助他们的前提就是要有识人的能力,这种能力的提升需要时间的积累,时间久了就有经验了。

后来我明白了,不管在什么行业,很多能力是相通的,比如为人处世的能力、销售能力、换位思考的能力、团队合作的能力等。

最近,我尝试在朋友圈上写文章,在这个过程中,我又认识了一些编辑,以前从来没想过出书,可如今这个目标提上日程,变成了今年一件重要的事。

于是又有人问我:"你是怎么写作的?有哪些办法能够提高自己的写作能力?"

对我来说,写作只是一个表达自我的途径。最多的收获其实在写作之外,比如我的阅历、我的生活经验,这才是我想表达的中心。

因此,如果有可能,不妨多试试专业之外的事情。有句话这样说:"很多所谓的专业,无非是我们比别人多看了几本书,多知道几个名词、几个概念而已,多尝试专业之外的事务,我们会发现原来我们的世界可以变得更大,我们的人生可以变得更有宽度!"

06. 为什么你总是不知道自己喜欢什么

开篇小谈

业余时间,我喜欢在微博和微信朋友圈推送一些关于幸福的理念,其中也包括一些职场幸福之道。前不久,我的微信收到这样一条留言:

"高老师:毕业到现在,我身边的同学都找到了喜欢的工作,过得忙碌而充实,而我却一直在失业中,因为我不知往哪个方向发展。更可怕的是我发现没有一件工作能引起我的兴趣,这样下去,我该怎么办啊?上大学,专业是父母选的。而在此之前,我很少面临选择,每到需要选择的时候,父母总会为我操心,所以我现在真的感到很茫然。"

很明显,这个留言的人是一个年轻人,他向我咨询的是有关职场的幸福之道。

他的这几个问题让我想起了自己年轻的时候,我也曾茫然失措、随波逐流。究其原因,我的答案是:"我们都想趁着年轻奋斗一把,但不知道自己喜欢什么,所以感到迷茫。"

说到这里,可能很多人会感到很可笑——我们难道都不知道自己喜欢什么吗?

是的,我年轻的时候也会觉得很可笑。但经过这么多年的沉淀,我才知道这确实不是一个笑话。

情景再现

说实话,我从小就是父母眼中"听话的乖孩子",父母说什么,我听什么。然而就是因为太听话,我的人生一直被安排,也因此失去了自我感知的能力。

第7章
你需要做到的——不抱怨职场，改变个人命运的积极正能量

记得上高中的时候，面临理科班还是文科班的选择，父亲用他的生活经验告诉我，理科凭本事吃饭，不用应付复杂的人际关系，就业面更广，发展潜力更大。于是我被安排读理科，然而在学习的过程中，我感到特别辛苦，特别是几何和化学，简直就是我的硬伤。

20岁以前，我一直依附在父母的影子下，连自己的模样都无法看清。高考那年父亲问我：想做老师吗？我说不想；父亲接着问我：想做医生吗？我说不想。可父亲还是为我选择了药科大学，当时父亲问我：沈阳药科大学怎么样？我问了一个问题：沈阳属于河南吗？如果不属于，我就去。我从内心特别想脱离父母的圈子，因为父母都是老师，我一直都有一个身份，是老师的孩子，所以我想尝试一下自己独立，最终我考上了沈阳药科大学。

现在想来，我人生第一次自己做主，大概就是谈恋爱这件事。

起初，父母特别反对，对我找的恋人评价很低，但我一直坚持自己的主张，父母没办法，只好妥协。虽然我的这段婚姻已经走向了解体，但我仍然没有后悔当初的选择。

☀ 高老师的幸福解析

后来我通过研究职场的幸福之道才知道，要想知道自己喜欢什么，第一步就是学会正确看待父母的期待，能够进行独立思考与自我判断，作出属于自己的选择，努力活出自己的样子。

结婚之后，我决定趁着年轻勇敢地去试一试，就算失败了也没有关系。于是，在联邦制药企业上班的业余时间，我努力学习一些培训、演讲的相关知识，同时阅读很多心理学书籍。为了锻炼我的演讲能力，我放下了所谓的面子，不再惧怕与陌生人沟通和交往。在一次次的与人交往中，我发现自己潜在的演讲天赋、乐观合群的性格和良好的沟通能力。

这些我业余时间做的事情让我的口头表达能力得到进一步提升，也让我的工作得到领导和同事的肯定。

进入职业倦怠期我主动去参加一些企业咨询和心灵维护的沙龙活动，一段时间后，我的导师发现了我，说我很适合从事企业咨询、培训师、心灵教练相关工作，他建议我可以去尝试这类工作，以便于发挥我口头表达能力的优势。

于是，在 2001 年，我从工作了两年的联邦制药企业辞职，踏上了帮人获得幸福的心灵老师的道路。

图39　尝试寻找喜欢的工作

是啊，谁都想拥有先知先觉的能力，然而现实中很多人连后知后觉都很难做到。所以，对于不知道自己喜欢什么的年轻人，我的建议是：趁着年轻多去尝试，从而探索出一条自己的人生之路。

高老师的幸福之道

年轻人在职场中最容易犯的一个毛病就是：不知道自己喜欢什么，盲目地工作，从而常常感到迷茫。对于他们，我的职场幸福之道是，找到自己喜欢的，然后努力去尝试。

下面，我将告诉大家如何发现自己喜欢什么。

第一，找专业人士帮忙。

当感到迷茫的时候，切忌病急乱投医。我们需要做的是找专业人士帮忙。这里的"专业人士"并非单指心理咨询师，还包括在某个方面有经验或技能的人。

第二，思考一下自己平时愿意把时间花在哪里。

判断自己是否真心喜欢一件事情，只需要拿一件东西来衡量，那就是"沉浸感"。

所谓"沉浸感"，就是在做这件事情的时候，我们可以非常地忘我和投入，很容易沉浸其中并全然忘了时间。我有一个朋友业余时间很喜欢画画，她每次进了画室都舍不得出来，看见画笔就想作画，每天下班回家无论多晚，她都要画上一幅，就算画到深夜，她也不知疲倦。因为她的喜欢和长期投入，她成功地举办过多次个人画展，在业界也小有名气。

如果我们对一件事情不能坚持，只有三分钟的热情，那就不是真的喜欢；如果真的喜欢，一定会持续投入。

第三，积极行动，不断尝试。

没有付出就不会有收获。就算我们再喜欢，没有付诸实际行动，也只是一句口号，而我们的梦想将永远都是空中楼阁。

喜欢什么就努力去做、去尝试，就算失败了，最坏的结果也不过是我们不再喜欢这件事情了。而有了成功与失败的历练，我们会得到快速的成长，也可能会因为自己的喜欢成就一个大大的梦想。

最后，套用纪伯伦先生说过的一句话来结尾：

"如果有一天，你不再寻找爱情，只是去爱；你不再渴望成功，只是去做；你不再追逐成长，只是去修，一切才真正开始。"

07. 全线凑合状态的解药是专注、专注、再专注

📎 **情景再现**

我有一个朋友，年长我十岁，虽然同在北京，我们的日程表却天南海北，难得聚到一起吃顿饭。

去年冬天，在一家小餐馆，我一边吃大盘鸡，一边和他讲起这几年自己涉足的领域，内心有一点小小的满足和得意，渴望得到他的肯定。之前的合作中，他虽然并非我的导师，却是支持我的人，亦师亦友。

我说完，他没有说话。我鼓起勇气问他："如果你给我一个建议，会是什么？你取得的成功源于什么？"

他喝了一口茶，淡定地说："现在的你像八爪鱼，没有专注在一个点上，想同时做的事太多。我们吃饭的这一小时，你也不时拿出手机，怕耽误了回复信息。有些事，真的那么重要？"

之后，他讲起了自己年少时的经历。

本科刚毕业时，他在一个企业的人力资源部上班，为了做好这一工作，本不是人力资源专业的他，通过向有经验的人学习、请教和学习人力资源相关科目，成功考取了人力资源资格证。那四年的时间，他一直在专注于一件事——做人力资源的工作。四年以后，他获得了升职机会，成为企业的人力资源部经理。

接下来的四年，他仍在专注做人力资源工作，只是，这时的他做的是人力资源六大模块——人力资源规划、招聘与配置、培训与开发、绩效管理、薪酬福利管理、劳动关系管理。

四年之后，他再次获得了升职，成为企业的行政总监。这时，他需要专注的事情变成了行政人事管理。

透过朋友的话语，反观我自己，感觉自己就像一个忘我的小孩在玩沙子，玩得津津有味。我强调幸福快乐，带着大家边学边获得幸福，也误以为自己可以做到边工作边娱乐。

2015年，我与许多人一样，迷上了刷朋友圈、看微博。有一个月，每天晚上我都会在刷朋友圈、看微博的同时给学员录制"幸福之道"课程的语音，还抽空给工作人员发邮件。

刚开始，这种三线作战尽在掌握的感觉好极了，我觉得自己娱乐了，工作也没耽误。几天下来，郁闷的事来了：同事反映工作邮件前后矛盾，逻辑不通。朋友圈和微博也并非时时有新鲜事。之前刷下朋友圈用时5分钟，单独工作用时15分钟。两件事同时做,半小时也不能同时搞定。什么都没做到最好,幸福感很低。

所以,真正的多线工作不是这样的。

☀ 高老师的幸福解析

确定做一件事后,提高做事效率的根本方法是专注。多线任务处理看上去很美,但操作起来很难。有人觉得自己可以边听歌边看书,边工作边聊天,认真观察可以得出一个结论——大部分人如果真的同时做两件事,会有主次之分,或者是同时做的事中有一件不用太费脑子。

比如,真正用到大脑双线操作的同声传译,一个专业译员连续工作的时间是15分钟,超过20分钟就会疲惫不堪,要让同伴替换工作。

如果抱着差不多的态度做事,开会时刷朋友圈,会议内容只能听个大概。与人聊天时也玩手机,交流也是"差不多"。这种"差不多"的习惯一旦养成,只能"差不多"地活下去,无法享受极致的生活,"一鸣惊人""卓越精致"这些词将和我们无关。

所以,我想告诉大家的是:这种多线操作,全线凑合状态的解药是专注、专注、再专注。

我非常喜欢的作家严歌苓,有一次在做指甲时,有人提醒她说:"你电话响了。"她说:"让电话响吧,他说什么话会比我现在要做的事还重要呢?"

不管是我的朋友还是作家严歌苓,亦或是我,想要传授给大家工作的幸福之道就是:专注。一旦我们专注了,工作中任何一件事都可以变得高效起来,继而获得满足的幸福感。

☀ 高老师的幸福之道

近几年,我观察了身边很多高薪人士的职业习惯,他们普遍的特征是专注,除了认真地专注于自己的事业,他们更多关注的是如何提升自己在这个领域的能力,钱并不是第一考量要素。所以,如果你也想摆脱全线凑合的状态,那么请专注、专注、再专注。

为了把具体如何训练、培养专注力的方法传授给学员,我阅读了许多有关"专注力"的书籍,并找到了行之有效的方法和技巧。

这个方法来自丹尼尔·戈尔曼先生所著的《专注》。在书中,他以其深耕多年的心理学研究功底,精确提炼出专注力的三种形式,如下图所示。

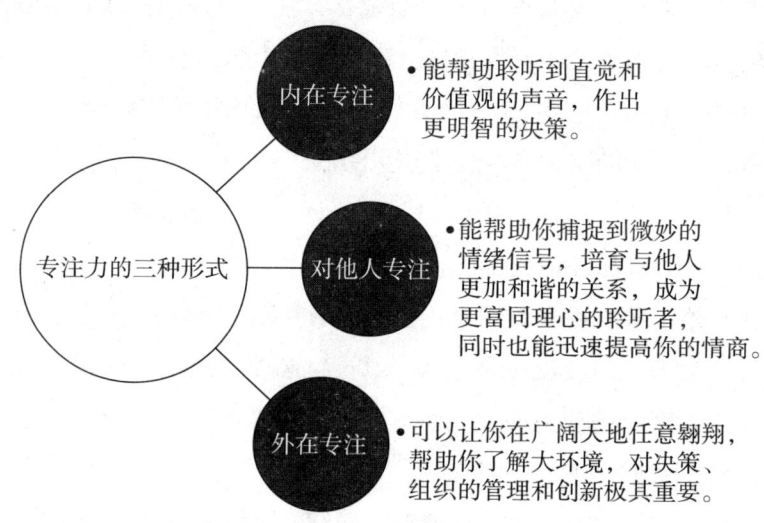

图40 专注力的三种形式

基于这三种专注力的形式,我归纳出以下三点训练技巧。

第一,勇敢,给自己打气。

自我暗示自己很优秀,"贬低"工作的价值,以"这都不是事"的心态放松地完成它。

第二,隔离,把自己从世界中抽离。

学生会在公共自习室或宿舍中学习,办公族通常在开放式的工位上工作,旁人的走动、闲聊会不时打断思路。要么尽可能选择周围没人的环境,手机静音,或者戴一个偌大的耳机工作,别人看到了也不会过多来打扰你。

第三,从坚持10分钟做起。

从坚持10分钟不看手机做起,重度手机依赖者刚开始会觉得10分钟很漫长，不时拿出手机看一眼，生怕自己漏掉一条信息。随着练习，这个时间慢慢变长，15分钟不看手机也不再困难。

第一次尝试，坚持到7分钟就可以奖励自己，可以是零食、水果，用这种隔离的方式训练自己。

专注30分钟后，进入更高效的学习和工作状态，而下一个30分钟效率会比之前高得多。一天里，如果有8个30分钟即4小时主动、高效的工作状态就相当不错了。有统计表明，上班族每天高效工作时间平均不到4小时，大部分是碎片化的走神状态。

人生总有起伏，状态也分高低。每天的状态不同，有时高效工作时间超过4小时，那就别错过机会，利用这一天疯狂工作。如果某天身体疲惫，心不在焉，也别刻意要求，略做休息，找回节奏。

第8章

你需要清楚的——比起不明就里的努力，正确的方法更重要

如今很多幸福书籍都在宣扬"努力"，好像只要我们努力就一定会成功。然而，事实并非如此，我们大多数只是普通人，就算非常努力也不一定会成功。所以，比起不明就里的努力，我更愿意传授给大家正确的努力的方法，让大家用正确的方法去努力，并坦然地接受失败，这才是真正的幸福之道。

第8章
你需要清楚的——比起不明就里的努力，正确的方法更重要

01. 比起不明就里的努力，正确的方法更重要

情景再现

俗话说"磨刀不误砍柴工"，古人都知道在做一件事情之前，找到一个正确的方法，要比无头苍蝇似的乱撞能更快地达到成功的彼岸。

我依稀记得两年前的一个课间，我像平时一样坐在讲台旁上的椅子上小憩。一个高高瘦瘦的女孩走到我跟前，轻轻地叫我："高老师，您好。刚才您课堂上讲的内容，我没有弄明白职场人际关系要如何处理才会幸福，麻烦老师再给我指点一下。"

"拿一张纸和一支笔来。"我说。

她满脸疑惑地把纸和笔拿来了。我接过纸笔，不一会儿就给她用画画的形式表现出了她问题的答案，简单给她讲解之后。她兴奋地说："哇，老师，您太厉害了，没想到竟然如此简单，谢谢您，您的方法真有意思。"

出于友好，我与她聊了起来。"你是做什么工作的啊？对人际关系这么感兴趣？如果以后想从事相关职业的话，可以去向一些更专业的人士学习，对你会大有裨益的。"

她失落地摇了摇头说："高老师，我是做人力资源工作的。不怕您笑话，我考了3次都没有考过人力资源证，越来越没有信心，不知道这份职业是不是适合自己。"

"适不适合与考没考过之间没有什么联系，你有没有想过，是不是你之前学习的方法错了？你为什么不换一条路走，试试实践与理论相结合的学习方法呢？"我建议道。

"老师，您别说了。我认为就是我自己不够努力。"说完，女孩便失落地走了。

怎么是不够努力呢？在我看来，不是所有事情仅靠单纯的努力就可以的。如果在一条错误的道路上拼命地努力前行，最终也无法到达目的地。

这个学员上了一年我的课，对于她的情况，我逐渐了解了。最开始的时候，她浑身都充满着自信，给自己立下了人生目标。然而，现实与她的想法背道而驰。这个女孩子是典型的"读死书"类型。据说，她对于考人力资源的课程之一《人力资源规划》可以倒背如流，这门课每次考试都能到90分以上。唯独《劳动关系管理》这门课，每次都及不了格。

她与我讲过，她一共考了3次。第一次没考过，她告诉自己："没什么，下次再努力就好了。"第二次没考过，她花了将近一周的时间才从低落的情绪中走出来。第三次没考过，看着身边的人都拿到了证，她连说一句"恭喜"都觉得心底被刺痛。

☀ 高老师的幸福解析 + 幸福之道

如果用不正确的学习方法，越是人人都能学好的东西，却越学不好。

表面上看起来，人力资源资格证的考试很容易，是普通人都能参与的常规化考试。但实际上人力资源资格证只是一个载体，你更需要懂得的是企业的人力资源体系。在大批的考证大军中，精于理论的人太多了，但是对人力资源管理了解的人少之又少。

在教学的这几年，我发现了一个规律。在职场发展得风生水起的，往往不是班里那些学习认真、刻苦、努力的学员，而是那些看起来不那么努力的学员。

我分析了其中缘由。前者在理论上努力地死磕，后者却在努力之前，先寻找最佳学习方法，不做盲目的努力。利用实践与理论结合的方法，双管齐下，边学实操边学理论。课程之间是融会贯通的，理解了一点，一通百通，会有意想不到的效果。而且在考到证书的同时还学会实际操作，一箭双雕。

第8章
你需要清楚的——比起不明就里的努力，正确的方法更重要

图41　掌握学习方法很重要

在培训生涯中，我接触了大量学员。看着他们，我也一直在思考努力与结果之间的联系。为什么有些人很努力，却得不到好结果；有些人玩玩学学，却成绩不错。难道努力也是一种错误吗？

以下就我个人的观察与思考，在此做个归纳与总结。

第一，心态不同，努力的结果不尽相同。

每个人做事都抱着不同的心态。一种心态是单纯的热爱，另一种心态是为了达到自己的目的。我暂且不说哪种心态好。我想说的是，这两种心态在努力的过程中发挥着不同的作用，产生的结果是不尽相同的。如果我们是因为爱好而去做一件事，那就意味我们不在乎结果，会更享受过程。

我曾经有一个学员，他在一家银行上班，工作很稳定。可是他却非常喜欢律师这个职业。他利用工作之外的时间主动学习，十分认真。在他看来，在他热爱的事情上面，根本无须计较得失，学习法律知识的时光于他而言，是莫大的放松和享受。

出于热爱的努力会使情绪高涨而持久，因为这是发自内心地学习主动。在学习的时候，心态会无比放松，会处于享受的状态，做的努力会事半功倍。

但是，据我观察，现在大部分人都为了努力而去努力。

带着目的性去学习的人，谈不上喜欢不喜欢某个职业，或许这不过是他

们未来规划中的一部分。比如，他们想通过某职业带给自己轻松体面的生活，亦或是通过改行做某个事情，一步一步获得高薪。有很强目的的这类人，动力也很强，学习效果也会不错。

在所有的人中，学习收效甚微的就是心态不明确的人。对自己的未来很模糊，不知道要做什么，只是单纯地考个证放着备用。我发现现在的人都有一个惯性思想，证越多越好，就算用不上，以备不时之需也是好的。因为目的不是那么明确，努力的效果也会大打折扣。

第二，商业社会里，专家无处不在，关键在于你是否愿意投资你自己。

"术业有专攻"，各行各业都有佼佼者。只要想学且肯投资，就能找到专业的老师，这比我们自己独自摸索强得多。从投资回报的角度考虑，这种方式无疑是最快的。

我的一个朋友就是这样做的，他很喜欢请专家教他。最近还听到一位有名的专家提起他，说他会花很多钱请教专家，非常舍得给自己投资。舍得舍得，舍的多自然就得的多。

如今，他早已今非昔比。现在他的一次课可以收入过万元，多少人羡慕嫉妒。但他们只看得到他表面的光鲜亮丽，却不知他背后的辛苦付出。

这足以说明，正确的努力方法尤为重要。

拿我自己来说，我前段时间突然想学习瑜伽，因为没有基础，就想去报个瑜伽班跟着老师学习。但是我的同事知道了就劝我别浪费钱，还不如拿去买点儿好吃的，想练瑜伽买个瑜伽垫对着网上的视频练就可以了。

可我认为，花钱去吃喝于我而言没有意义，反而与练瑜伽的初衷背道而驰，倒不如请个专业的老师教我练习。

我还有的朋友请私人教练教自己，他们认为虽然私教很贵，却是最有效的途径。有专业人员指路，你会少走许多弯路。

最后，我想重申一遍：永远不要低头进行没有目标的努力，比起不明就里的努力，正确的方法更重要。

02. 希望你的努力像自己发的朋友圈一样，持续、积极

开篇小谈

每天打开朋友圈，我都会看到很多人把自己的生活公布在网络上，仿佛一场盛大的秀。秀恩爱、秀小孩、秀微商产品、秀美食美景以及求点赞。在这些朋友圈的各种"秀"中，我最讨厌的一种就是秀努力。

比起每天发十几条九宫格自拍的朋友，这种每天在朋友圈秀勤奋、秀努力的人更让我厌烦。我无意反对努力这件事，努力本身是没有错的，坚持努力的人也值得钦佩，把这种状态分享给大家也是一件能激励人的事，周围的人也会受到感染。

可是事实往往并非如此，当努力变成朋友圈里一场持续频繁的"秀"时，就难免有博取眼球、骗赞的嫌疑了。这种做作，让人心生反感。

情景再现

我的朋友圈里就有这么一位"秀努力"的人。他是朋友圈中著名的"拼命三郎"，朋友圈中每天都是意气风发，他的每条动态都在展现自己的积极和努力，把我们衬托得颓废无比。

他的朋友圈是这样的：每天早上七点多准时在朋友圈里发这样一条动态——"新的一天开始了！努力奋斗！"配图是当天或晴或阴的天空。他还经常会转发一些关于"成功""梦想""奋斗"的心灵鸡汤，并加上一两句自己的话："成功的脚步从今天的奋斗开始""有志者，事竟成"等。

刚开始大家也并没有觉得反感，歌颂正能量总比充满负能量好，可是后来他的鸡汤越发越起劲，也越来越频繁。我们的朋友圈都快要被"你再不努力就晚了"或"年轻人必读的十本好书"等鸡汤给刷屏，让人直想把

他给屏蔽掉。

然而,他自己却沉浸在这种虚幻的"努力奋斗"氛围不能自拔,并不知道我们的反感和视觉疲劳。不知道他有没有意识到这些鸡汤毫无营养,于人生并没有实质的帮助。

我想他并不知道。

因为他依旧乐此不疲地发着朋友圈,而且陷入了病态的狂热。除了转发,他也会自己写上一两句"励志金句"。去健身房健身,一定要在朋友圈打卡,发上健身房的照片,配上文字:"健身打卡第 N 天,连身材都无法控制,谈什么掌握人生!"字句间散发出一股我努力、我骄傲的气息,仿佛只有他活得努力向上,我们都毫无自律,过得灰头土脸、暗无天日。

图书馆看本书也一定会发朋友圈,图书馆和书本的照片再配上文字:"美好的一天从阅读开始,努力!"总之,他生活中无论大小事都要发朋友圈,参加活动、比赛、准备考试、看书,哪怕是早睡早起都值得发一发朋友圈。他在朋友圈里充满正能量,每天过得努力又充实,但却渐渐地被我们大家所厌恶。

☀ 高老师的幸福解析 + 幸福之道

在朋友圈里展现自己的努力有错误吗?当然没有,真实励志的生活很值得分享,我们可以从中了解别人也可以树立目标,向优秀的人看齐。只是当这种行为成为一种"表演",除了虚荣还能给我们带来什么呢?

只看朋友圈的话,我的这位朋友是活得很努力,每天充满斗志,争分夺秒地提升自我,简直就是一个大写加粗的"励志哥",一个积极向上的正能量典范,甚至不少人都以他为榜样。可是,真实的情况并非如此,他远没有他自己描述得那般努力。

去健身房是没错,可是拍拍照、玩玩手机,再在跑步机上跑一跑,时间就过去了,他并没有进行系统的、有计划的健身,也并没有如朋友圈所发的每天都去。图书馆看书虽然去了,可是大部分时间他都捧着手机,刷一刷朋

图42 朋友圈"表演秀"

友圈、微博，一下午很快就过去了，真正学习的时间并没有多少。白天的时间浪费掉，只能"熬夜"看书，因为拖延而花额外的时间完成本职工作，在朋友圈里也成为了争分夺秒奋斗的行为，参加活动时去当个背景，打个酱油，发在朋友圈，也是"丰富多彩"的业余生活。

试问，这种"表演"又能给自己带来多少收获呢？

我们都知道这是无用的，然而这么做的人生活中却并不罕见，每个人的朋友圈里一定有这样的人存在。他们乐此不疲地表演着"努力"，每天打开朋友圈，看到一个个晒跑步公里数、健身打卡、晒书单、晒熬夜工作学习、转鸡汤金句的，我都想问他们："你今天努力了吗？"他们不甘示弱地要把旁人比下去，要争做大家心中"最努力的人"。

这些晒努力的人晒得花样百出，而我只想问一问：朋友圈里的种种努力，你是否真的做到了？

跑步健身你坚持了吗？看书你真的静下心来了吗？背的英语单词过段时间你还能记住吗？熬夜工作不是因为拖延吗？你的努力真的像你朋友圈里发的那样吗？

我们身边也有很多不常发朋友圈的人，他们没有努力吗？恰恰相反，这些人有很多都十分优秀，当有的人在朋友圈"表演"时，他们才是真正地在努力。

当我们在转发年轻人必读书目时，别人已经认真读完这些书；当我们在晒记单词成绩时，别人已经在为托福、雅思认真准备；当我们在朋友圈中发出"世界这么大，我要去看看"时，别人已经踏上了环游世界的旅途；当我们在朋友圈中晒出自己为减肥少吃几口饭时，别人已经在健身房挥洒了三个月的汗水……

朋友圈中的"努力"看起来很美，可那只是欺骗自己，除了一个"赞"，什么也不能得到。真正努力的人，会把努力视为生活的常态，他们不需要告诉别人每天做了什么，有多么努力。因为只有自己才清楚，自己的努力是否是真实的。为理想拼搏、为梦想努力、为目标奋斗，这些都没有错，我只是希望你的努力像自己发的朋友圈一样，持续、积极！

03. 明明拼脸就能赢，为什么还要去拼才华

📎 情景再现一

我经常会在楼道里碰见邻居家的女孩，每次见她，她都打扮得花团锦簇，青春稚嫩的面孔上化着艳丽的浓妆，发型次次不同，假睫毛贴得像两把小扇子。

有一天我和邻居大妈聊天，一提起她家闺女，大妈忍不住向我抱怨："整天就知道臭美，这学期又有两门课没过。这不，刚管我要完补考费。不到一年就要毕业了，不知道有没有单位肯要她，我都替她发愁。"我只能赶紧安慰大妈："您放心吧，这年头只要肯吃苦，怎么也能有份工作。"

过了几天，邻居大妈出门买菜摔伤了腰，我前去医院探望她。大妈的女儿当天正好在陪床，她的打扮还是和平常一样惹眼，妆化得还是那么浓。看到我后，大妈让她女儿出去打壶开水，然后对我使了个眼色，我坐到了她的身旁。大妈看着我叹了口气："你也看见了，就是这么不让人省心。我前天问她将来打算干什么，她就翻白眼不耐烦。我看，要不你哪天跟她聊聊？你们都是年轻人，兴许她能跟你说句实话。"

我的第一反应是想要拒绝，但面对大妈无奈的眼神，我实在说不出拒绝的话。躺在病床上动弹不得，还在操心女儿的前途，真是可怜天下父母心！

大妈的女儿打水回来后，我找了个理由，让她陪我下楼逛逛，瞎聊了几分钟后，我开始进入正题。我刚说出"理想""前途""人生方向"这几个字，女孩就呵呵一笑："是我妈让你跟我谈的吧，她就是爱操心。"

我尴尬极了，但想起大妈的托付我不得不问下去："难道你对将来就没有一点打算吗？"

"当然有啊！"她不满地说，"我将来打算随便找份工作，然后找个人嫁了，当一个幸福的全职太太。"

这么年轻的女孩说出这个答案实在叫我意外："然后呢？"

"然后？然后就是好好享受人生呗。我早就看明白了，女人啊，干得好不如嫁得好。"

她回答得干脆利落，我却瞠目结舌。我曾不止一次听到"干得好不如嫁得好"这句话，但当一个20岁出头的女孩毫不犹豫地讲出这句话时，我还是觉得惊讶和意外。

高老师的幸福解析

当天回家后，我忍不住向朋友吐槽。朋友算是个见多识广的人，听我说完白天那番对话，他对此颇不以为然。他身边有很多年轻漂亮的女孩都抱有这样的想法，青春和美貌是她们最大的资本和筹码，她们像一个个赌徒，不断地在众多追求者之间挑选最优秀、最富有的那一个，然后赢得优越的生活。毕竟，在如今的社会，青春与美貌早已标好价格，男人们也愿意用财富去交换。

我从来都不反对任何一个女孩去追求美。恰恰相反，在我看来，20多岁的女孩穿美丽的衣服，化精致的妆容，尽情地打扮自己，这样才不辜负上天赐予的青春和美丽。

但是，需要明白的是，这个年纪要做的事从来不只打扮这一件，青春美貌是上天给予我们的礼物而不是筹码。说到这里，我们又不得不承认，这个时代大众对美貌尤其偏爱,长得好看的女孩总能得到更多机会,但机会仅仅是机会,能不能把握住它,能不能从中提升自我,绝不取决于颜值高低,而是取决于我们的内在。

前段时间,朋友圈被一篇叫作《明明拼脸就能赢,她们却一定要拼才华》的文章刷屏,文中列举了一堆家境、老公、外表都非常优秀,明明什么都不用做已经是人生赢家,却偏偏倔强地要凭着自己的能力打拼天下的女人们。出于好奇,我也看了这篇文章,由此想到了我的一个大学同学。

情景再现二

我的这位同学以美貌著称,她漂亮到什么程度呢?当她素颜时,就像日系杂志的封面女郎;走在街上,会有男人不断回头看她;出门买东西,经常会被店员询问是不是演员。即便是在我们那样一个女生占了90%的学校,她的颜值也是压倒性的,实在让人羡慕。

除了颜值,她的智商也很高。大学4年里,她的成绩一直名列前茅,而且博览群书,诗词歌赋或英文谚语都能信手拈来。曾经很长一段时间,在我心里她就是"秀外慧中""智慧美貌于一身"这些词的化身,她的美让同为女人的我都忍不住欣赏。

图43　美丽且努力的女孩最可爱

第8章
你需要清楚的——比起不明就里的努力，正确的方法更重要

上天对有的人就是如此偏爱，她不仅美貌聪明，还家境优越，是个名副其实的白富美。记得当年我们还在用呼机的时候，她已经拿上了老爸给她买的诺基亚；我们听随身听的时候，她用的是老妈送的CD机。并非父母溺爱，而是她家里多年经商，生活条件本身就十分优越。

只要认识她的人，都会相信上天在造人的时候是偏心的。一出生就拥有美貌、聪慧和财富，可以随心所欲地生活，每天逛街、养猫、浇花就可以轻松自在地过一生，而她却偏偏选择了另一条路。

从上大学的时候，她就对手工纸艺特别着迷，一有空闲就买来各种材料制作各种手工作品。毕业后，她没有选择去家里的公司，而是不顾父母反对开了一间自己的淘宝店，店内专门售卖她的原创作品。

刚开始淘宝店经营得并不顺利，常有一个星期不开张的情况。她有些着急，意识到想要经营好淘宝店，不能只靠坐在电脑前等着顾客主动上门。于是，她行动起来，开始在各大论坛发帖子，因为文笔优美，受到了很多关注。她还会亲自去创意集市摆摊，就算只看不买的客人，她也会赠送一张自己店铺的名片，主动宣传自己的店铺。

慢慢地，她找到了自己产品的定位和特点，店铺经营越来越顺利，客人也越来越多。在创业期间，她没有接受家里和男友一分钱的支持。除了爱车宝马mini让她走到哪里都有些惹眼外，她像所有自主创业的姑娘一样默默努力着。

在积累了一些资金后，她开了一间自己的小工作室，承接婚礼现场或店面布置，生意做得很不错，顾客盈门。虽然赚到的钱远不如继承家业来得多，但这份真正属于自己的事业带给她的踏实和快乐是什么都无法代替的。

高老师的幸福解析

在面对老天爷的偏爱、自己拥有他人梦寐以求的一切时，我的这位同学选择了走自己的路。因为她知道，老天偏爱是一回事，自己能否对得起这份偏爱又是另一回事。小时候她很爱看《倚天屠龙记》，却始终不明白赵敏为什么放着手下一大堆高手不用，偏要自己千辛万苦学武功。后来才明白，当她

家中发生变故，不再是天之骄女时，那辛苦练就的一身武功成为她唯一可以依靠的东西。

所以，无论此刻你正坐在自行车上或是宝马车上，是在哭泣还是在欢笑，这都不重要。因为这只是你人生中的一个片段，它不代表你未来要过的生活，它不是人生的结局。重要的是，你所拥有的一切，是不是真正属于你；当你青春不在、当你陷入困境、当你的生活天翻地覆时，你是否也能依靠它；当你不再是某个人的某某，当你失去所有身份，当你仅仅是你自己时，你能否过上想要的生活。

高老师的幸福之道

对于年轻人，我想说的是：青春和美丽终究会消逝，富贵美满也不是一生注定，每个人都会面临衰老，都会面临生活的变迁。年轻时对待自己的态度，将会决定我们未来会走上什么样的道路。用青春和美丽作为筹码去换取的东西，终究会因为年老色衰而失去。将人生作为一场修炼，珍惜拥有的一切，不断去奋斗进取，随着年龄增长我们获得的东西会越来越多。

这里没有技巧和方法，我只是把这个幸福之道的理念传授给你，至于你如何去努力，那就看你自己的了。

与其做那个一步登天的梦，等待那个缥缈的机会，寄望于某个"贵人"，不如趁着年轻做一些该做的事。当自我变得强大和丰富时，你会发现，自己才是人生中最大的机会和贵人。

04. 控制大脑中"白日梦"的数量

开篇小谈

在我们的心底，总有各种各样的幻想："我渴望一个白马王子出现在身边""我希望拥有一辆宝马车""我希望买的彩票中了一等奖"……这些幻想可以激励着我们前进，可如果整天幻想，一味地陷于其中，那么就是给思想增加负担，会导致心情压抑，体会不到幸福。

为什么幻想会产生如此不利影响呢？因为，当幻想十分离奇或根本不可能实现时，就是非理性的空想，可称之为"白日梦"。和灵感不同，这通常是一种无用的思想"垃圾"，它们不会产生实际价值，只会白白占据我们大脑的空间，如此大脑留给其他信息的空间小了，记忆能力就会变差。

回想一下，我们和别人谈话时是否会开小差，居然听不清或听不见别人刚才说了什么；我们是否在工作中有心不在焉的时候，平时能做的工作怎么也做不好，甚至找不到思路，这些都是"白日梦"对我们所产生的干扰现象。

所以，当发现自己经常沉醉于"白日梦"时，要提醒自己控制大脑中"白日梦"的数量，把注意力更多地放在眼前，致力于克服现实生活中的困难和挑战。

说到这里，我给大家讲一个朋友的故事。

情景再现

我有一个多年的老友，他是一个生性浪漫的人，他常常幻想自己拥有一辆超酷的极品赛车，享受风驰电掣的快感；他幻想自己有一天能周游世界，去巴黎看歌剧、去日本看樱花；他还幻想娶到一位美丽善良的妻子，能跳出优美的舞蹈，唱出悦耳的歌声……然而，由于工作的不顺，他的收入有限，不能自由地开赛车，不能去周游世界，而且还与一位很普通的姑娘结了婚，他的妻子不仅长相普通，而且也不能歌善舞。

那些美好的幻想不可能实现了，认识到这点以后，我的这位朋友觉得自己的人生糟糕透了，他整日郁郁寡欢，后来干脆自暴自弃。他的妻子是一个善良而智慧的女子，她看到丈夫这个样子非常心痛，在日常生活中细心地照顾他。为了开导他，她找到我，让我帮助这位朋友丢掉这些负能量，切换到正能量的频道。

图44　勿做白日梦

一个午后,我约这位朋友在外面喝下午茶,当我把他的妻子为他所做的一切一一告知他后,我看到他的眼中流露出对妻子的感激,接着我对他说:"我知道你有很多美好的想法,但每个人都不可能预测未来会是什么样子。如果你对生活感到失望,那就将那些想法忘记吧,如此你才可能创造精彩的人生。"听了我的话,他开始慢慢释然,开始明白虚无的幻想只会白白浪费自己的时间和精力。他努力忘记曾经的那些幻想,顿时感受到生活充满了阳光。

高老师的幸福解析 + 幸福之道

有一种说法是,世界上有两种人:空想家和实干家。空想家们善于想象、谈论、渴望,却从不去主动实现自己的梦想。实干家则不同,他们从来都是少说多做,不管是研究一项实验,写一本书,参加马拉松比赛,还是其他事业,他们都能身体力行。空想家和实干家,谁更胜一筹?显而易见。

的确,命运不会宠爱幻想的天才,相反,它偏爱的是有头脑、有实际才干的人。

我有两个同学,她俩拥有一个相同的职业理想,即做一名电视节目主持人。

毕业后,一个同学充分相信自己在主持工作方面的才能,她经常对别人说:"只要有人能给我一次机会,让我上电视,我相信自己准能成功。"她不断地企求上天能赐给自己一个机会,等待了一年多的时间,机会也没有光临。她变得焦急、苦闷,又开始将梦想寄托到父母身上。她想:"如果我父母是电视台领导多好,我就……"

另一个同学则不同,她不会无休止地幻想,而是跑遍了本市每个电视台,但都因没有工作经验被拒绝。没有工作机会,怎能获得经验?后来她在招聘会上看到某县电视台正在招聘一名实习主持人,那个县城在山区,偏远荒凉、经济落后,可她已经顾不了那么多了,她想:"只要能和电视沾上边儿,能让我主持节目,让我去哪里都行。"她这一去就是一年,在这一年的工作时间里,她积累了丰富的工作经验,主持能力也提高了不少。当她再次到市电视台应聘的时候,轻而易举就成功了,并逐渐成为一名著名的主持人。

幻想大多是杂乱无章的,现在就来整理一下它们吧。顺畅地呼吸,不必刻意去想或者不去想,关注此时脑中出现的任何念头。分析一下,哪些是确定无法实现的?哪些是没有意义、没有价值的?对于这些,你大可毫不留情地"丢弃"。如果有些幻想能实现且有一定价值,那就考虑付诸行动。

行动胜于空想,这样的道理谁都懂,唯一的阻碍是你能否下定决心,付诸行动。

05. 要怎样努力才能让梦想落地

高老师的幸福解析 + 幸福之道

伟大的哲学家苏格拉底曾说过这样一句话:"世界上最愉悦的事,莫过于为梦想而奋斗。"追逐梦想、实现梦想是每个人的愿望。然而当我们开始为梦想奋斗时,就会发现有一个巨大的困难摆在面前,这个困难就是:"我们究竟要怎样努力才能让梦想落地?"

所以,本节我想传授给大家的就是,如何努力让梦想落地的具体方法。

要想让梦想落地，当我们摩拳擦掌准备大干一场之前，要先问自己两个问题。

第一个问题：我努力的方向正确吗？

有个成语叫作"南辕北辙"，它的意思是：心想往南而车却向北。当梦想实现的方向与我们努力的方向不一致时，越努力就越迷茫，也就离实现梦想越来越远。

我在送女儿去学舞蹈时，碰到了这样一对母女，每次都是妈妈来送女儿上钢琴课，风雨无阻。女儿也很勤奋，坚持学习了很长时间。可是进步却不明显，妈妈也很急躁，有段时间上课时小女孩明显情绪低落，显得压力很大。

我跟孩子妈妈沟通后发现，她对钢琴的热情远远超过女儿。原来这位妈妈从小就有弹钢琴的梦想，可是小时候因为家庭原因没能实现这个梦想。因此她希望女儿能弹好钢琴，因此她便早早为女儿买了钢琴并且积极陪孩子上课。我问她是否意识到孩子的压力，并建议她倾听孩子内心的想法。与其逼着孩子上不喜欢的钢琴课完成自己当年的梦想，为什么不自己学习呢？

这位母亲把自己的钢琴梦放到孩子身上，错误的方向导致相反的结果。梦想在错误的土壤上是无法开花结果的。

第二个问题：我的努力有效吗？

要让自己的努力有成效，首先，要警惕的是虚荣感。

上高中时，我们每个同学都会准备一个课堂笔记本，归纳每堂课的重点内容。班里有个同学的笔记总是做得特别精美，图文并茂。抄笔记这项烦琐的工作，在她眼里不仅不是负担，反而是种享受。

她精美的笔记本常常受到老师和同学的赞美，她慢慢地喜欢上了整理笔记，为它们配上插图和漂亮的贴纸。老师常常在班上表扬她，并将她的笔记本在班级内传阅，号召我们学习。

然而这位笔记做得精美细致的同学，成绩却并不理想。

笔记做得好这件事为她带来赞美和满足感。虚荣心使她在这件事上花了更多的时间。做笔记的本质是帮助记忆和归纳总结，而这个同学却本末倒置，把笔记做成了一种形式。

其次，我们要记住的是成功没有捷径可走。

在培训的过程中，经常会有学员问我，如何在短时间内熟练掌握一门技能？如何在短时间内成为一名行业专家？在这个讲求效率的时代，人人都在追求捷径。

我们都听过"一万个小时理论"，如果要成为行业内的专家或精通一门技艺，需要一万个小时的专注努力，把时间平均分配到每一天，如果每天花4个小时做这件事情，加起来需要7年的不懈努力。在这7年时间里，如果我们没有全力以赴，而是时断时续，那么达到目标所需要的时间就更长了。

当我们看到别人成功时，只看到鲜花和掌声，还有荣耀的光芒，却总是忘记成功背后所有的艰辛和寂寞。那些成功的人之所以从不渲染他们艰苦卓绝的努力奋斗，是因为努力是他们生活的常态，就像呼吸和吃饭一样自然。当我们想寻找成功捷径时，请记得没有人能随随便便地成功。

过于追求细枝末节的完美，也会成为前进的阻碍。

图45 梦想如何实现？

我的一个朋友为自己的工作室开设了一个微信公众号，最初她为了把公众号做到尽善尽美花了很多时间研究排版，其间她使用了各种方法，因为追求完美她对版面的要求近乎苛刻。后来她发现这些事情实在太耗费精力了。在弄清楚自己做公众号的目的后，她选择了放弃亲自设计版面，而是专注于丰富公众号的内容，保证文章的质量和数量。

她现在找到一个助手，专门帮她处理公众号的版面问题，而自己把更多的精力放到更值得专注的事情上。

对于适当舍弃，朋友有深刻的领悟："那些你不肯舍弃的能力，终有一天将成为你的负累。"

为什么说成功需要高度，因为当我们站在一个更高的位置上俯视全局时，能更好地抓住主要脉络。那些细枝末节需要适当地舍弃，把它们交给专业的人去做，同时懂得与他人合作，而不是事必躬亲。事事抓在手里，要求完美，反而会阻碍我们的成长。

把精力花在真正重要的事情上，让自己成为不可或缺的人，而不是一个没有专精的"全能人"。

到此为止，关于让梦想落地的具体方法你已经知道了很多，但你知道以上我介绍的内容中最重要的是什么吗？答案就是立即行动起来，在实践中运用这些知识。努力并不难，就是行动起来，越早越好！如果你没有真正地去实践，那么刚才看这些内容所花的时间就纯属浪费时间和精力。

祝愿你早日摘得梦想的果实。

06. 有三件事比努力更重要

情景再现

去年的一天，一个学员向我倾诉了他工作的困境，原来他在职业发展中遭遇了"瓶颈"，经过半天的交流，我发现他的困惑也正是当下很多职场人士的困惑——对待工作非常努力，但那些没有努力的人却更成功。

这位学员是一位高才生，可谓是"天之骄子"，毕业后他成功地在一家国有企业从事科研工作。几年后，这家国有企业遭遇了改制，他不得已跳槽到一家民营企业上班。十年过去了，他在专业方面一直是公司的技术骨干，但在职业发展上一直停滞不前。

第8章
你需要清楚的——比起不明就里的努力，正确的方法更重要

学员告诉我，他自己表面上被称为单位的"骨干员工"，其实公司的技术难题都由他来解决，但好处和功劳却被领导领走了。

而在这十年间，他的同学大部分已小有成就，自主创业的都有了自己的经济实体，过着衣食无忧的生活；在公司上班的，也都基本上做到了管理层，迈入了中产阶级。唯有他，十年来在职场进步缓慢。

高老师的幸福解析

通过深入了解，我对他说，你有没有想过，你今天的退步是你的过度努力造成的？

一直以来，我们都坚信，用努力改变自己，因为过分强调努力的重要性而进入了一个认知的误区。

为什么我说"过分强调"呢，依据主要有两个。

一个是我们对待成功的态度。如果一个富二代成功，我们虽然也会肯定和赞赏，但我们内心更佩服那些白手起家的草根一族。

另一个是我们对待失败的态度。如果一个非常努力的人，最后不幸失败了，我们只会为他感到惋惜而不会去指责他。但如果一个工作不努力的人失败了，我们都会认为他失败的原因是不够努力。

总结起来，现在大家普遍比较认同的逻辑是这样的：

1. 那些通过努力获得成功的人更值得我们学习；
2. "不够努力"是造成失败的重要因素。

这也说明，努力与成败息息相关。

很少有人去求证这套逻辑的合理性，但我认为这种逻辑有些牵强。

假如以"成功"作为目标，虽然我们付出了很多努力，但并不一定都能成功。如果我们过分强调努力，信奉唯努力成功论，如若没有其他因素的配合，我们也只会重复失败。我们说不要老是低头拉车，要记得抬头看路。也就是说，影响成功的因素不光是努力，依我看来，至少有三件事比"努力"更重要。

高老师的幸福之道

我这么说并不是说努力不重要，努力不仅是成功的要素之一，而且是成功的基本要求。只是在努力之外，还有太多重要因素总被我们有意无意地忽略了。

在这些重要因素中，"找准方法""提升预判能力"以及"在一件事情上不断积累"是最主要的三个。我们在努力之外，不妨多花些时间想想这三件事，或许这是让我们取得成功的更好方式。

第一，找准方法。

找准方法，指的是我们必须透过现象看本质，花时间研究各种不同现象背后隐藏的共同规律，并据此提炼出一套解决问题的具有一定普适性的方法体系。

图46 比努力更重要的事

我们说授人以鱼不如授人以渔。就拿国内的高中教育来说，有的学校主张填鸭式教育，以标准模式流水线批量制造高分学生。而有的学校则主张素质教育、自主学习，推行关键能力培养。

那些用刷题、练习、死记硬背方法学习的学生遇到灵活一点的题目只会束手无策，而那些掌握自主学习方法的学生会专门花时间去研究不同考题的出题规律、不同公理定律的排列组合，从而摸索出一套高效的解题方法，这本质上就是方法论的一种。

方法论的核心不是思考"这样才能把一件事情完成"，而是探索"为什么通过某种方式可以把一件事情完成"。拥有并学会了这样的思维习惯，就能自主探求影响事物结果的因素，寻找应对相关因素变化的解决办法。这样这件事情无论如何变化，我们抓住了它的因素和变量，就自有一套解决之道。

无论是工作还是创业，我们面对的环境和情况都很复杂，既没有标准答案，更没有标准问题，还带有无限多的变量。这种情况如果没有一套方法论，单凭努力怎么解决？

第二，提升预判能力。

不管是升学还是求职，都要面临大量的"决策时期"，我们说人生选择大于努力，就是指在人生的关键节点，一步选错，则步步出错。

有多少同一起跑线的人，因为选择不同，最终绘制了不同的人生曲线。当年那些非常努力、特别优秀、遥遥领先的人最后却沦落到了最后一名。谁也没有未卜先知的本领，但是每次判断和预测都需要应用一个人掌握信息的广度和思考信息的深度。而这些能力是完全可以通过训练提高的。

拥有一定的选择和判断能力，需要通过大量的阅读以及信息搜集来提升自己的眼界、扩大信息的广度，还需要逼迫自己跳出事物本身，站在更高更广的角度来思考信息的深度。

只有这样，当我们面临变化和选择时，才会有自己的主张，才会将自己的人生带到正确的方向而不至于迷失。

第三，在一件事情上不断积累。

不管做什么，都要在一件事情上不断积累，达到足够的时间长度。

例如我的一位朋友，她很聪明，非常努力，也非常有判断力，但职业生涯却非常坎坷。毕业十多年来，她先是进入当地最有名的商贸集团，通过3年多的努力，终于成为一名高薪的部门经理，并多次享受了环球旅行。然而受互联网经济的影响，零售实体店销量年年下滑，经济效益每况愈下，于是她决定辞职。

辞职后她进入了一个全新的行业——餐饮业。她与朋友合伙投资了一家800平方米的火锅店，开始几年生意还不错，但因投入较大，5年后才开始回本赢利，正当可以收获果实的时候，却不幸遭遇了食品危机和经济危机，她的火锅店所在的商业中心人流稀少，面临转让停业的命运。

不得已，她转让了火锅店。因为自己擅长的专业就业形势不好，她决定学习会计行业，从头开始。就这样，40岁的她，成为了会计行业最底层的一名员工，与刚毕业的学生处于同一起跑线。

其实，她的选择并没有错，尽管跳槽3次，但现在看来每次都是对的。但她的每次跳槽缺少连贯性和积累性，每次都是从零开始，最后她无奈地笑称自己是一名40岁才开始学走路的孩子。

现在我们提倡工匠精神，也是指一个人要专心把一件事做好，做到极致，只有这样我们才可能站在这个行业的顶端。

我强调注重积累性的原因主要有以下三点。

第一，无论是金字塔原理还是社会分层论，讲的都是大多数人都处于塔底、都处于同一水准，而塔顶的人往往都是像竹子一样经过多年的蛰伏和积累，才获得势如破竹、直冲云霄的能量。

第二，任何行业都有周期性和波动性。不要老是想着哪里热就往哪里挤，我们不是孙悟空，没有十八般武艺在身，更何况我们怎么能确保自己每次都能踏上时代的风口？当我们所在的行业处于下滑期，也不要急于迅速改变，可以在等待、观望和努力中迎来行业的春天。

第三，机会的到来是无法预期的，但可以确定的一点是，机会真正来临时，它垂青的一定是在行业内根植已久的人，积累到一定阶段，我们才更有能力去把握住闪现的机遇。而频繁更换行业和工作，把握机遇的概率是不断降低的。

第9章

你需要知道的——财富的简易获得法，有钱了幸福确实会多一些

对于金钱和幸福之间的关系，很多培训师都宣传"有钱不一定会幸福"。但这样的理念却起不到一点儿作用。金钱对我们每个人都很重要，虽然金钱不一定会让我们幸福，但有了它幸福确实会多一些。在我长期实践和推行自我维护、财丁两旺的过程中，我根据获得财富规律的实际经验，整理出来财富的简易获得法，我期盼能对所有渴望致富的人们有所帮助。

第9章
你需要知道的——财富的简易获得法，有钱了幸福确实会多一些

01. 摆脱贫穷的 6 大妙方

高老师的幸福解析

我并非富二代，我的工作也是从最平凡的谋生起步。我同所有人一样，并不具备什么特别的优势或资源。

我的第一个家当，不过是一个十分精美的钱包。我期盼它会饱满起来，里面时时有叮当作响的金子相互碰撞。所以我不辞辛劳地遍寻那些可以使我的钱包变得饱满的良策妙计，最终，我找到了摆脱贫穷的 6 大妙方。

我会向读者一一详尽解说摆脱贫穷的 6 大妙方，这是我对任何试图摆脱贫穷渴盼财富者的完整建议。

请大家用心看我分享这些知识。你们可以跟我交流，或者是在阅读完本节内容后，找朋友、同事相互讨论。要是你能把我教给你的这些获得财富的方法理解并运用得十分透彻，这篇内容一定会为你播下财富的种子。

从现在开始，每个人都要通过自己的双手创造财富，然后成为擅长创造财富的人，最后再把我们的方法推荐给更多人。

高老师的幸福之道 + 情景再现

现在，我先告诉大家如何让钱包远离空空如也的状况。这是大家走向财富大门的第一步，当你成功地踏出了第一步，财富就会离你越来越近。

第一个妙方：增加你的收入。

有一次，我给学员培训时问他们："如果你有个篮子，每天早上往篮子里

放10个苹果，晚上拿出来9个，一直如此，最后会怎么样？"

有个学员斩钉截铁地回答："肯定有一天篮子被装满了啊。"

我反问他："为什么呢？"

他接着说："因为我每天放进去的苹果数量比拿出来的多一个。"

我又问大家："你们的钱包饱满吗？"大家很有默契地摇摇头，甚至还有人拿出自己干瘪的钱包晃了晃。

我继续说："现在我告诉你们慢慢富有起来的办法，就是像放苹果一样，每天放到钱包里的钱，要比花掉的钱多。比如你每天放进去10块钱，只能花掉9块钱，长期坚持下去，你的钱包一定会渐渐鼓起来。分量慢慢增加的钱包，会让你充满成就感。"

不要对这个简单的方法嗤之以鼻。积少成多，滴水石穿。我曾经跟很多人一样钱包比脸都干净，我的很多想法都不能实现。我开始用这个方法，每天往钱包里放10块钱，但我只用8块或9块，剩下的就存起来，后来，我的钱包真的渐渐鼓起来了。相信你们也一定能行。

第二个妙方：控制你的开销。

如果把每天的花销记录下来，就会发现，其实花了不少冤枉钱。所以我建议大家在家里看得见的地方或是手机屏幕上，写上几个大字"钱要花在刀刃上"。

关于这一点，我可以给大家一个建议，把我们每天需要花钱的事项写在一张纸上，不论大小，然后酌情删去里面无关紧要的花销，最后用钱包里十分之九的钱把剩下的花销解决掉。其实，那些无关紧要的花销只是昙花一现罢了，切不可在这些事情上消费太多的金钱。

假如做到了上面这一点，那我再给你一个进阶的建议，针对这些有必要的花销进行预算。记住，千万不能动钱包里已经有的十分之一，这样我们会越来越擅长理财，而我们的钱包也会越来越鼓。

第三个妙方：让钱生钱。

虽然，钱包鼓起来确实让我们感到满足，但是这不过是一个守财奴狭隘的世界观，对我们来说，如何让钱生钱才是科学的幸福之道。

既然如此，我们怎么利用这些金钱呢？其实，我的第一次投资血本无归，整整赔进去了 100 多万元，那可是我的全部家当。而我第一次赚钱的投资，利润也相当可观。

我可以非常负责任地告诉大家，一个人的财富并不取决于口袋里的钱有多少，而在于他利用手里的财富创造财富的能力大不大。简单来说，要想发财，节流没用，开源才是王道。当我们把钱拿去投资，就等于口袋里有持续不断地进账。

第四个妙方：避免财富遭受损失。

天有不测风云，人有旦夕祸福，我们这一辈子难免有些小病小灾。非常让人痛心疾首的"灾祸"莫过于手里的钱财不翼而飞。如果不看紧钱包，很容易就让财富流失掉了。因此，我们要格外珍惜小钱，有一天，小钱终会变成大钱。

在这里，我还要告诫大家一点的是，不要轻信高利投资，别被利润蒙蔽了双眼，稀里糊涂地就把钱丢到陷阱里。当我们决心要做投资时，不妨向身边经验丰富的朋友多请教、多学习，也许我们会付出一些小小的代价，但是比起日后巨大的损失来，这点代价就微不足道了。

图 47　像马云一样奋斗

第五个妙方：为将来做好准备。

懂得理财的人，一定知道未雨绸缪。我们需要把这些钱投入可靠的投资里，当我们某天老去，就能用这笔钱保障晚年生活。

现在保险的种类繁多，我们平时定期支付在保险里的钱，最后会积累成一大笔财富，当我们去世时，这笔钱也能够保障我们子女的生活，这是值得投资的。

我非常认真地奉劝大家，一定要想想当我们年老了没有钱怎么办。理由很简单，当我们已经年迈，丧失了劳动能力，断了经济来源，此时的我们如何生存？

第六个妙方：提升你的赚钱能力。

前不久，我一个朋友来找我借钱。我问他发生了什么事情，他非常失落地跟我说，自己的薪水一直入不敷出，现在连基本生活都成了问题，不得已才来向我借钱。我知道这是一个还贷能力十分欠缺的人，很可能我借给他的钱，他没有能力偿还。

我对他说："我觉得你的当务之急是要努力赚更多的钱，你有没有想过怎么提高自己的挣钱能力呢？"

他马上回答我："当然了，我基本上每个月都找老板给我加工资，但是一次都没成功，还差点因此丢了工作。"听完他的话，你一定会笑他太单纯，把加工资这件事想得这么简单。但是，他确实具备一个增加收入的条件，就是对高收入的渴望，这一点很重要。

当一个人在不断提升自己的同时，还恪尽职守，努力工作，那他赚钱的能力同时也提高了。当我还是个默默无闻的企业培训师的时候，一个月才赚几千块钱。我发现，我身边的同行不仅挣得比我多，工作能力也比我强，培训课程讲得滴水不漏，基本不出错。从此我奋发图强，我的工作能力稳步提升，慢慢地我的收入也增加了。

因此，这就是第六个妙方：完善自己，提高自己的赚钱能力。通过不断地努力和付出，让自己成为一个善于理财、拥有智慧的头脑、自尊自重的人。

那些已经脱贫致富的人还有不少细节是我之前没提到的，他们有不少值得我们学习的地方，比如：

第一，照顾好家人，让自己成为家人的骄傲；

第二，对身处困境的人怀有怜悯之心，尽自己所能帮助他们；

第三，及时还清债务，不购买超过自己购买能力的物品；

第四，提前立遗嘱，以防万一自己突然离去，先恰当地分配好自己的财产。

02. 慈善的不是钱，是心

情景再现

我是个非常容易相信别人的人，认为社会上好人比坏人多，认为相信他人，他人也会给自己以信任。

我上大学的时候，在系部交流会上认识了一个学姐，我们俩一年也见不了几次面，只是偶尔谈一下系部工作安排。毕业后的一天，学姐突然给我打电话，说家里出了急事，要找我借钱，我二话没说就把我的工资全给她汇过去了。一周后，她把钱及时地还给了我。

后来一位做企业的朋友问我能不能帮他周转一下，我想了想，把钱借给他了。后来他也按时还上钱。

但我也遇到过借了钱不及时还甚至不还的，我相信这不是他们的本意，如果他们有了钱，一定会还上的，毕竟我相信我们之间的缘分比钱还值钱。真的碰到还不上的，我依然从心里祝福他们越来越好。

高老师的幸福解析

看到这里，也许你会嘲笑我傻，但是大部分人还是信守诺言，把钱还给我了，也因为我无条件的信任，我们成了非常好的朋友。有个朋友之前找我借钱，后来他不仅还了钱，在我妈妈去世时，他帮我张罗相关事宜，还一直默默地陪在我身边。我非常感恩这些朋友给我带来的温暖。如果因为某个人的失信,就对所有人持怀疑的态度,那我现在也不可能有这么多好朋友。

什么叫"相信"?不是不经世事、天真地相信每个人,认为这是个完美的世界。而是在经历过黑暗和欺骗后,仍然愿意付出,仍然相信人世间的美好。

当我把钱借给别人时,其实我早就做好了钱拿不回来的准备。但是,就算失去了这笔钱,我日后也能挣回来。为什么不相信世界是美好的呢?

除了工作、健身、读书、写稿、培训、研究幸福之道……我还一直坚持一心向善。

在我的课堂上,我经常会给学员们分享这样一个故事。

联合国前秘书长安南在卸任的时候,在得克萨斯州的一个庄园里举行了一场慈善晚宴。参加这个晚宴的都是一些政商名流。有一个叫Lucy的小女孩来到场地外,捧着她的存钱罐站在门口,保安怎么都不让她进去。

Lucy对保安说:"叔叔,慈善的不是钱,是心,对吗?"保安被这个小女孩的话感动了,这句话也打动了她身后的股神巴菲特先生,巴菲特带着小Lucy进入了慈善晚宴的现场。当天晚上的主角,不是组织者安南,也不是捐了300万美元的巴菲特,而是这个只捐了30美元零25美分的小Lucy。并且,晚宴的主题标语也变成了这样一句话:"慈善的不是钱,是心。"

这句话也是我要教给学员们的:"慈善的不是钱,是心。"

图48 慈善的不是钱,是心

一次，一个学员问我："高老师，我感到很困惑，我是一个企业的培训师，我跟您一样，培训时给大家传播正能量，但是，当我讲自己的真实经历时，别人又会觉得我在卖惨。这可怎么办呢？"

其实，我也有过这样的经历。是不是一定要把故事讲得苦情才能感动他人？其实，我们需要这样做：首先，在讲自己的故事时，一定要不断升华自己，不能老提过去的事，还要讲讲新的成就，每次讲的内容都是自己最新的成就，避免原地踏步，老熬同一锅鸡汤。其次，一场演讲下来，哪怕只有一个人取得了收获，这就是成就，毕竟，想要触及他人的灵魂，是非常困难的。传播善意是一种实名，善意不能用数量去衡量。即使你的善意被100个人中的99个人当成炒作和无病呻吟，但有一个人受益就够了，不要在他人的目光中迷失自己。

经常有人给我发微博和微信消息，诉说自己有多不幸，希望得到我的帮助。我一般都会给他们打款，但很少转发。我可以对自己的金钱负责，但是在没有证实消息是否属实的情况下，我不能让大家跟我一起捐钱。

爱心不分贫富，爱心是不以金钱的数量来衡量的。奉献爱心，尽自己所能，就是伟大的。善良的心是不分高低贵贱的，只要怀有真诚的慈善，我们的心灵就是高贵的。

高老师的幸福之道

新闻中经常报道，某企业为希望小学捐了一座图书馆、某明星为灾区捐了多少钱、某企业成立慈善专项基金帮助留守儿童、某明星领养了一只流浪小动物。每每听到这些，我们就羡慕不已，有钱就是好啊，可以帮那么多人，自己有心无力啊。

其实，关于慈善，我们要明白，爱心不在于钱的多少，而在于你捐的钱对受捐者的意义有多大，也许200元钱对你来说只是一件衣服的钱，但是对于山区的孩子来说，可能是一学期的学费，或者半年的伙食费。同样，看一个人对你好不好，不是他有100万元，给你50万元；而是他只有100元，却把 100 元全部给你。

那么，我们如何以微小的力量去奉献自己的爱心获得幸福呢？以下是我的两个方法。

第一，时刻行小善，心中记大善。

我们居住的环境，每个人都有义务去爱护他，从自己做起，随手关灯，节约用水，爱护花草树木，渐渐影响身边的人，让天空永远蔚蓝，让草地永葆青绿，让空气永远清新。心怀大善，才是真正慈悲之人。

第二，尽可能地帮助他人。

我们生活的方式多种多样，想让自己活得有意义并且让他人的生活也充满阳光，就要尽可能地帮助他人，多伸出自己援助的双手。有句话说得好"赠人玫瑰，手留余香"，助人为幸福之本。

03. 我们需要建立怎样的消费观

高老师的幸福解析

对于刚参加工作、囊中羞涩的年轻人来说，好像金钱就是幸福。这一点是我在给诸多年轻学员培训中总结出来的。

每当我给一些年轻的学员做培训时，在课堂上，我问及大家："你幸福吗？"大多数学员的回答都是："现在工资低，钱不够花，如何幸福？"

所以，本节我想说的是"消费观"，而不是"花钱"。

在具体讲解这一内容时，我想问大家一个问题：你的消费方式是怎样的？

根据我在课堂上的调查，发现刚步入职场的年轻人收入多分布在 3000～5000 元，而且大部分都是"月光族"，有的甚至还需要父母的贴补。有的人觉得自己花钱太大手大脚了，特别羡慕那些能存下钱的朋友。

在写本节内容时，我也特意翻阅了网络相关的文章，发现现在写给年轻人的如何理财消费的文章非常多，但 90% 都是教大家如何省钱。我认为，年

第9章
你需要知道的——财富的简易获得法，有钱了幸福确实会多一些

轻人学会合理地花钱最重要。省钱不仅会让他们丧失幸福感，而且会压抑年轻人的欲望。

这个观点并非哗众取宠，它是有一定道理的。

对于年轻人来说，省钱理财没什么意义。如果我们已经工作一段时间了，职位和待遇都不错，每个月收入稳定过万，那么我们就要学会如何省钱了。这是什么原因呢？

一是我们的收入为理财提供了丰厚的资本。月入过万确实该学学如何理财了，因为除去生活日常开支，剩下的钱为理财提供了比较充裕的资本。

二是承担的责任变多了。在这个阶段，我们已经有了家庭，为人父母了。养家糊口的担子压在自己身上，因此，再也不能拿收入随心所欲了，而是首先要考虑到家庭的日常开支。

三是收入上升的空间不大。在职场上摸爬滚打这么多年，估计职位和收入都已经稳定了。也就是说，短期内，收入并不会有很大变化。既然不能开源，那就要开始节流了。

但是，对那些刚步入职场的年轻人来说，上面的这几种情况，基本不存在。

一是年轻人的工作经验不多，收入不会太高，理财没有意义。比如，我们每个月薪水是6000元，除去房租、伙食、交通、电话费还有杂七杂八的费用，估计只剩3000元左右了。这3000块钱，拿去投余额宝，收益增长的速度还赶不上通货膨胀的速度；去炒股，自己有没有强大的内心，万一赔个精光呢？要想理财，首先要有财，年轻人现在还没有什么积蓄，可以不用考虑这个问题。

二是现在的年轻人大部分都还没结婚，父母身体也都健朗，仍然在工作。所以基本上是"一人吃饱全家不饿"，没有那么大的经济压力。

三是"年轻"就是资本，年轻无极限，年轻人的未来是什么样，谁都不敢下定论，特别是收入，具有很大的上升空间。与其现在整天愁挣钱，还不如多花时间想想怎么提高自己的收入。

所以，我想告诉年轻人的是：钱不是省出来的，而是赚回来的！

☀ 高老师的幸福之道

年轻人，一定要学会花钱，舍得花钱！每个月的工资，尽量都花完，不要想着存钱！

看到这里，你是不是被吓到了？没关系，慢慢地往下看。你可能觉得，花钱谁不会啊，我还要你教？你错了，花钱是有诀窍的，花钱的方法不同，造成的结果也不同。我这本书目的是教大家幸福，所以，我教年轻人"花钱"也是为了达到这个目的。

但我所说的"花钱"并非毫无节制地乱花钱，而是有一定方法的。

第一，保证自己的基本生活。

年轻人的基本保障大概有两点：一是应急资金要保证；二是身体健康、生命安全要保证。

应急资金一两万元就够了，天有不测风云，人总有碰到突发事件的时候。如果那时我们一分钱存款都没有，恐怕就"摊上大事儿了"。这笔应急资金，最好是现金，如果怕不安全，那就存银行活期，保证自己可以随取随用。

第二方面，除了单位统一购买的保险统筹外，最好给自己购买一份意外伤害保险，这些保险的意义就是，如果我们某天遇到意外，起码有基本的保障。

第二，花钱之前要尽到自己的责任。

在思考如何花钱之前，我们先遵守两个原则：一是工作了就别向家里要钱了；二是如果父母生活拮据，自己要多接济父母。

年轻人的收入，最好花在这三个方面：增强能力、提高生活品质和结交朋友。

最重要的是要增强自己的能力，让自己由内而外都有提升。前面也说到因为年轻，所以这个阶段我们要考虑的是如何让自己的收入更高，想要提高收入，首先就要提升自己。

尽管我们在大学学到了不少知识，但在职场中，这些知识并不足以支持我们在工作中游刃有余。活到老、学到老，走上社会，没有老师的监督，是否还能提升，直接关系到自己的前途。

图49 提升自己的赚钱能力

对于学习，不仅要付出时间和精力，还要付出金钱，因为天下没有白用的资源。比如英语班、会计班、管理学习资料、公务员考试真题等，甚至加入某些协会、社群也是要付钱的。

对年轻人来说，与其花钱去买收益不高的理财产品，不如把钱拿来投资自己。因此，宁可在其他方面节省一些，也要在提升能力上大方。每个月的收入，我希望你能拿出一半来投入自己的学习中。

其次，是要提高生活品质。

女生基本上都爱买化妆品，男生对电子产品情有独钟，但是一旦买到手，心里就有深深的内疚，觉得自己乱花钱了。其实，大可不必这样，如果购买的东西在自己的承受范围之内，又能让自己感到幸福，何乐而不为呢？

我为什么这么说呢？因为青春一去不复返，你正处于生命中最美好的阶段，理应好好享受生活。这个时候，我们没有太大的生活压力，不用为了孩子的奶粉钱东奔西走，没有鸡毛蒜皮的小事的牵绊，为什么不能好好地享受青春的美好呢？

当过了这个阶段，你会发现，周围的一切都变了。当生活压力越来越大，工作越来越繁忙，有越来越多的事情等着自己去处理，你会发现，没精力打游戏、没时间做美食、没空上健身房，那些年我们想去的地方，已经走不动了……

所以,"等我有钱了再出去玩吧"这种想法可以改变了。每个人都只有一次人生,能够体验这个世界的美好就是上帝的恩赐,在最美好的年华,就要享受生活,青春如白驹过隙,转瞬即逝,我们更要珍惜。

想看演唱会,那就去!想去西藏,那就去!想买单反,那就买!想谈恋爱,就大胆表白!看上一件美美的衣服,就赶紧下单!别再犹豫了。

微博有这样一句话:"如果一件东西你是因为贵而没买,那你一定会后悔,因为钱可以再赚,心仪的东西错过了就是永远。"如果做什么事情我们都瞻前顾后,岂不是很浪费时间,所以,现在有什么想做的事情,一个字:"干!"

最后,要多交朋友。

我说的朋友不是狐朋狗友,而是志同道合、能够影响你的朋友。这些人的经历、价值观、品味能够帮助你成为更好的人。

这个世界上没有人是一座孤岛,大家都会相互依靠,俗话说:"一个篱笆三个桩,一个好汉三个帮。"结交价值观趋同、品性优良的朋友,有助于我们不断得到提升,成长为优秀的人。另外,你在遇到困难的时候,这些朋友会雪中送炭,助你一臂之力,帮你走出困境。

所以,年轻人一定不要做宅男宅女,要勇敢地走出去,发现身边的美好,在不影响正常生活的前提下,多接触外面的世界,多交朋友,自己的眼界也会更开阔。

和朋友在一起的时候,尽量大方一点,多买单,看似自己吃亏了,其实能够给大家留下非常好的印象。久而久之,你的社交圈子会越来越大,朋友也会越来越多。

按照上面说的,把每个月的工资合理地花在这几件事情上,过段时间,你一定会发现自己的生活变得多姿多彩了。

你不会因为自己乱花钱而有负罪感,因为你虽然花了钱,但也收获不少对自己有益的东西,所以你花钱花得很幸福。你会发现自己变强大了,灵魂升级了,这样的你,怎么能不优秀?一直追求知识的你,怎么会没有收获?

最终，你还收获了一群有趣的朋友。经常跟朋友一起聚会、交流，不但生活充实快乐，而且这种互帮互助、共渡难关的感觉，真的很好，因为爱自己的人和自己爱的人，都在身边。

第三，两个注意事项。

我还要提醒年轻人注意两个事项，以防一些没有自控力的朋友拿我的话当"乱花钱"的借口。

首先，花钱一定要有计划。消费能够极大地满足我们的虚荣心，带给我们满足感，也有很多人沉沦金钱无法自拔，被金钱控制。我们要懂得适可而止，消费时要量力而行，切莫图一时痛快，做了金钱的奴隶。

其次，不论何时花钱都要量力而行。花钱去看演唱会并没错，但是如果你为了看场演唱会连下个月的房租都拿不出来了，那就不行了。因为这个消费已经超出了你的承受能力。

我们在进行消费之前，一定要考虑好这件事情是否值得自己花钱，是否需要花钱，而不能单纯地为了花钱而花钱。除此之外，还要把收入进行合理的分配，并且不要随便改变这种分配。

04. 再穷也要与富人站在一起

情景再现

在我的学员中，有一位做IT的CEO，他拥有让人羡慕的财富。在一次企业家的培训课中，我让他给大家分享"让他有如此财富的秘诀是什么"，他的回答是："再穷也要与富人站在一起。"接着，他向大家分享了他的财富之路。

从一开始，他就与在IT方面有某种天分的人在一起，开始了自己的创业道路。后来，他成功地与当时已经是IT巨人的IBM成为合作伙伴。而后，随着公司的进一步发展，他聘请了无数优秀的人为自己工作。

从创业、发展到追求更多的财富与成功，他从未停止与富人、优秀的人站在一起。即使在他还名不见经传、完全算不上有钱人的时候,他也努力与IBM管理层这样的有钱人在一起。

高老师的幸福解析

对于他的做法,我给出的结论是:获得财富的方法深深地体现了幸福之道的智慧。

人与人在交往中往往会互相影响。对于这一点,很多著名心理学家也指出,人有一种模仿他人的本能。也就是说,在交往过程中人总会不自觉地学习他人的价值观、品格、行事方式等。如果模仿对象是优秀的,是有利于创富的,那么我们便能在潜移默化中拥有对方创富的能力。因此,如果我们想要成为富人,就要想办法与富人站在一起。

这一点不光是我的"幸福之道"获得财富的理念,著名的财富专家罗伯特·T. 清崎先生也曾经说过:"你想要创造多少财富,就要接近拥有那些财富的人。"和什么样的人接触,我们就有可能成为什么样的人,正可谓"近朱者赤,近墨者黑"。

此外,在追求财富的道路上,"马太效应"的存在,也是我们必须与富人站在一起的原因之一。

"马太效应"是诺贝尔经济学奖获得者之一的罗伯特·莫顿先生于1968年提出的,他用此来概括这样一种社会心理现象:与那些名不见经传的研究者比起来,即使作出了相同的成就,荣誉也会比较青睐于那些声名显赫的科学家。即强者更强,而弱者更弱。

其实,马太效应具有普遍性。在追求财富的道路上,富人有资本,资本越多,赚钱越快;穷人没有资本,缺少赚钱的机会。富人有钱,能够享受到更好的教育和发展机会;由于经济原因,穷人对知识技能的掌握会受到一定的局限。富人有配置财产的经验,其资产配置的效率肯定高于穷人……总的来说,与穷人相比,富人在物质上、心理上有诸多优势,因此,他们比穷人更容易创造财富。

第 9 章
你需要知道的——财富的简易获得法，有钱了幸福确实会多一些

图 50　与有钱人站在一起

面对"富的越富，穷的越穷"这样的现实，一穷二白的我们要想获得财富就一定要与富人站在一起，这样才有可能与之共享各种创富资源，成就自己的财富人生。

高老师的幸福之道

要怎样才能与富人站在一起呢？毕竟富人更愿意与更富有或者与自己同等富有的人站在一起。关于这一点，不妨借鉴一下用这一方法创造财富的人的经验。

第一，想方设法到富有者的身边去工作。

首先，我们要看看在自己目前从事的行业中谁是顶尖人物，谁已经实现了他的目标，要想方设法到他身边去工作。

在给富有者工作的过程中，我们能够真正地学到他们的"秘诀"。给富有者工作一年往往能学到比帮一般人工作两三年还要多的东西，其中包括经济、知识、能力、人际关系等。

在本节的开头说到的那位学员就曾给当时的一名著名的企业家工作。在那段时间内，他通过这位企业家，有幸认识了 50 多位各行各业知名的成功人士，从这些成功人士身上，他学到了很多获得财富的方法和技巧。

第二，与富有者合作。

在给富有者工作的过程中，我们累积了大量的经验和实力，但是羽翼却不够丰满，还没有办法独立。于是，与富有者合作就是上选之策了。

与富有者合作时，我们需要把目光放得长远一些，不以眼前的短期利益为首要考量，先考虑的是富有者的成功经验、无形资产、影响力以及长远的效益。

第三，找富有者帮你工作。

想找到富有者帮你工作，需要一双敏锐的眼睛。如果我们被众多富有者的力量推动着前进，又怎么可能不快速成长呢？就像很多公司都乐于花几百万元甚至上千万元来聘请一个优秀的职业经理人一样。在追求财富的道路上，尽量与富人站在一起，是一种让他人的优秀品质激发自我积极品质的策略，是一种借势策略，是一种积极的智慧体现。

许多向我咨询如何获得财富的学员都是通过上面三步获得财富的。由此可见，与富人站在一起是一种行而有效的财富获得法，很值得我们去实践。

05. 没有理财，即使拥有博士学位，也难以摆脱贫穷

☀ 高老师的幸福解析

在我向学员们进行"财丁两旺"的培训时，经常会有学员问我这样一个问题：

"为什么我与他在同一个公司上班，我们的工资也差不多，可是他却能拥有一笔钱，我却还是'月光族'？"

对于这个问题，我的回答是：导致这样财富差距的最大原因就是没有养成理财的习惯。

这一财富的幸福之道并不是我发明的，对此，美国理财专家柯特·康宁汉先生有这样一句脍炙人口的名言：

"不能养成良好的理财习惯,即使拥有博士学位,也难以摆脱贫穷。"

虽然,我知道对于大多数人来说,理财并非一件容易的事。很多人并不是没有理财的观念,而是认为自己"没财可理"。

对此,我想说的是,理财是一个循序渐进的过程,也许这个过程会有些痛苦,却能让你"有钱一辈子"。

当我还只是联邦制药企业的培训师时,我的收入跟大多数人一样,并不高,仅仅能维持基本的生活。但那时的我,已经懂得财富的积累对于未来的我是多么重要。于是,我试着把自己微薄的工资每个月拿出一点来存在银行里。

三年后,当我从联邦制药辞职出来开始从事企业咨询、培训师和心灵教练的事业时,我已经有了我人生中的第一桶金——10万元。虽然这笔钱并不是特别多,但却足以支撑我开启我的培训事业。

图51 学会理财

所以,我想对那些天天省吃俭用、日日勤奋工作但收入并不是很高的年轻人说:理财并不是花大钱投资,而是循序渐进地培养"赚钱、存钱、省钱、钱滚钱"的习惯。

高老师的幸福之道

罗马并不是一天建成的,财富也是一样。对于财富的简易获得法,我的最重要的一个幸福之道就是理财。只有培养理财的习惯，才能一辈子高枕无忧。要不然，即使拥有博士后学位，也难以摆脱贫穷。

关于如何理财，我结合自己的方法，给予读者以下四点建议。

第一，提高工作收入，每月固定拿出一笔钱存进银行。

大多数人都是普通的上班族，很难有"意外之财"。所以，我们要把提高工作收入作为理财的首要目标。

提高工作收入的方法有很多，比如学习、拥有和谐的人际关系、与上司保持良好的沟通等，这需要我们自己去想办法获取。当收入提高了，我们可以每月固定拿出一笔钱来存进银行，这笔钱是无论如何也不能拿出来使用的。

相信过个3年、5年，大家会像我一样拥有可供投资的第一桶金。

第二，永远记住：定期存钱比投资更重要。

无论从事什么样的工作，收入如何，定期存钱都是理财的第一选择。定期存钱一定要随着收入的增加而增加。

第三，利用记账省钱。

除了提高收入、定期存钱，接下来，我们要做的就是省钱。而省钱最好的方法就是记账。记账能让我们找出自己乱花钱的地方在哪里，在接下来的生活中，保持理性消费。

我在理财时，每天都会记下所有的花费，每个月进行总结时，我会看看自己的钱到底花在哪里。如果一旦超过预期花费，我就会在接下来的日子里控制自己的花费。

第四，钱滚钱，设定五年计划。

当我们通过以上三个方法获得一笔财富后，接下来要做的就是投资，让钱生钱。我认为，如果没有好的理财观念、方法和做好投资失败的心理准备，我们还是尽量不要进行投资，因为这会让我们的幸福感降低。

对于年轻人的第一桶金，我的建议是：保留财富的80%，用20%去投资。这样即使投资失败，也不会让我们几年的心血白费。

第10章

你需要意识的——相处的艺术，让人际关系提升你的幸福感

我们生活在社会群体里，必然要和各种各样的人打交道，如何在看似简单实则复杂的人际关系中游刃有余，一直是我研究幸福之道的重要课题。毕竟人际关系的好与坏、优与劣，不仅是我们生活的需要，也是工作成效的重要影响因素。很幸福的人有很好的人际关系，反之，糟糕的人际关系会使人更不幸福。本节，我就来介绍一些融洽人际关系的方法，让你懂得相处的艺术，借助人际关系提升你的幸福感。

01. 人们所乐意接受和尊敬的是那些谦逊的人

📎 情景再现

作为一个传授幸福之道、教人自我维护的老师，我不敢说自己是一个成功的人，但我是一个靠着虚心好学，一点一滴地积累文化底蕴，成为学员们喜爱的老师。

在我研究幸福之道的过程中，除了虚心向同行学习，听取同行的意见，还认真采纳广大学员的意见。

记得有一次，我给一家企业做培训，当时的培训氛围很好，教室内喝彩声不断。但在一次喝彩声中，我听到从教室的角落里传来一个声音："不好！不好！"我循声望去，见是一位年轻学员。

下课后，我特意邀请这位学员到自己的办公室，端茶泡水待如上宾。我恭敬地向他请教："我注意到你说我不好，我想听听你的见解，你能告诉我哪里讲得不好吗？"这位学员见我如此诚恳谦恭，便认真地指出："老师说的幸福之道观点和路径正确，但没有实操性，道理我们都懂，但我们想知道如何去做。你应该告诉我们解决的方法，让我们知道如何才能幸福。"

这位学员的话让我恍然大悟，我确实忽略了这个关键的问题，我再三向他表示感谢。以后在每次讲课时，在告诉学员幸福的理念后，我会把如何解决的方法也一一讲解给他们。

☀ 高老师的幸福解析

忠言逆耳利于行，我谦逊地面对了这个不同的声音，促使我"幸福之道"的研究更进了一步，也因此得到了学员们的敬重。

所以，我想说的是：无论做人还是做事，都必须谦虚低调。这种力量和智慧使人们变得平和、坦荡、自信，从而获得良好的人际关系。

当今世界信息大爆炸，知识更新周期越来越短，学科分支越来越细，三天不学习，就会感觉已经落伍。所以，我们不能凭借一点学术资本或一点技术老底刚愎自用、自以为是，强中自有强中手，在人生的道路上，记得保持谦逊前行。

为了让学员们获得人际关系的幸福之道，我经常在课堂上和大家分享奥巴马的故事。

2008年美国总统大选，民主党代表奥巴马和共和党代表麦凯恩展开了激烈争夺，两人多次被推上了政治的风口浪尖。

这种竞选其实就是让两位候选人互相找出对方不适合当选美国总统的缺点而展开争辩，两人的争辩一度热火朝天，难分胜负。共和党人为了打败奥巴马，四处挖掘奥巴马以往的不良行为，以此来打败他。

然而，奥巴马生活中谦虚谨慎，工作上称职尽责，人们对他尊敬爱戴，许多社会精英都成为了他的忠实支持者。共和党人实在找不到可以站出来指责奥巴马的人。

最后，他们终于找到了奥巴马的一个把柄，那就是奥巴马曾经有过一次违规停车。共和党人拿这件事大做文章，指责奥巴马不能做到基本的奉公守法，无法胜任一个国家的总统。

然而，有一个人站出来为奥巴马说话，他就是诺贝尔奖获得者贝克教授。他反驳那些人道："有时候，人们犯规甚至犯法，并不是因为当事人是个坏蛋。那完全是理性选择的结果。"

贝克教授告诉媒体事情的经过是这样的：那天，奥巴马要去主持一个会议，但在路上遇到了交通堵塞，眼看就要迟到了，奥巴马急火攻心。车子终于驶入停车场，奥巴马松了一口气。可是，正当奥巴马想把车停到那个停车位上的时候，另一辆车也想停进去。

一个老人从那辆车上探出头来，主动要求把车位让给奥巴马，不想耽误年轻人的工作。但奥巴马没有接受，他说："我没有什么重要的事情，还是您先吧。"为了开会不迟到，奥巴马不得已把车停在了外面，最后他也为此交了罚款。

最后，贝克教授对众人说："故事中的那个老人就是我。"

可以说正是因为奥巴马为人谦虚，他才赢得了贝克教授的尊重。反之，如果他当初自以为是，理所当然地认为别人都应当谦让自己，那么，他也不可能得到贝克教授的支持。

抛开民族大义和两国的关系，我个人非常喜欢奥巴马，不为别的，就为他的谦逊。

图52　谦逊是种美德

一个人际关系良好的人，从来都不是喜欢自我吹嘘、自我炫耀的人。是金子，总会发亮，我们的亮点不用多说，别人也会看到。如果一味地自我吹嘘，只会让人感到我们华而不实。相反，如果我们能够真诚地向别人求教，别人被我们谦虚的态度感动，反而会更加敬重我们。

☀ 高老师的幸福之道

对于谦逊,并不是说要对自己的才华严密隐藏,过度的谦虚是在欺骗自己,也是在欺骗别人,更是对自己错误的定位。所以,过度的谦虚并不是一种可取的美德。

那么,我们如何表现得谦逊得体,获得良好的人际关系呢?我总结归纳出以下三个要点。

第一,对上司和领导,谦卑有礼、委婉有术。

任何领导,都希望自己在下属面前有威信。因此,下属一定要懂得尊重上司的自尊和威严,不可与上司发生语言冲突,更不得在众人面前公然与上司顶撞,让上司下不了台。即便自己的意见与上司相左,也要委婉、谦虚地提出。只有这样,领导才会认可我们、接受我们。

与上司的相处要懂得谦卑,并不是要装出一副唯唯诺诺、愚钝的样子,而是说与上司相处需要更加谦虚、温和,以领导喜欢的方式让他们接受我们的意见。

第二,求人办事,请记得带上谦虚、诚恳和真诚。

每个人都不是盖世英雄,不是我们求别人,就是别人求我们。当我们有求于别人的时候,要懂得放下架子,求助于他人是因为自己的不足,所以要记得谦虚;求助于他人,是需要他人为我们办事,所以更要记得带上诚恳和真诚。

这样,即使我们给出的条件不是那么优厚,别人也会被我们的真诚和谦虚所感动,主动向我们提供帮助。

如果我们趾高气扬地求人相助,别人只会反感。

第三,对竞争对手,三分谦虚,七分和气。

现在的社会,每时每刻都充满了竞争,我们会面对各种各样的对手。不要老想着去打败对方,要懂得谦虚做人的道理,不要自以为是,处处与竞争对手较劲,我们的好斗可能会挑起对方的"好战欲",这样稍不留心,可能就会踏入对方为我们挖的"陷阱"里。

如果我们能够谦和得体地对待竞争对手，懂得韬光养晦，那么，对方就会减少对我们的防范和掣肘，我们才能够更好地保护自己，等到自己壮大的时候，就可以一举战胜对手。

02. 即使再忙碌，也要花时间沟通情感

情景再现

大学毕业参加工作后，我听到最多的一句话就是："没办法，我没时间，身不由己。"

的确，如今的生活，让我们被动承受，被动选择，生活中我们有那么多角色定位，而每天仅有24小时。表面看起来，我们的时间，似乎从来不只属于我们自己。

话虽如此，但这并不意味着我们对时间无能为力。

如果没有特别安排，我在北京一天的时间表基本上是这样的：

6：00到6：30 起床洗漱。

6：30到7：30 学习并准备一天的行程。

7：30到8：00 吃饭，然后去公司，路上备课，阅读工作邮件。

8：00到12：00 为学员培训或接受企业、个人咨询。

12：00到13：00 约同事、朋友吃简餐交流。

13：30到13：45 午休小憩。

14：00到22：00 培训、讲座（如果课程结束得早，则安排20：00到22：00健身。晚餐少吃，如果有朋友邀约，就用1小时晚餐时间聚会谈事）。

22：00到22：30 总结一天的工作，准备第二天的课程，处理工作邮件。

这是我没有其他工作干扰的理想状态。

几年这样的日程下来，很多朋友看到年轻人在公司过劳死的新闻就把链

接发过来，还语重心长地在微信上说："艺秦啊，又一个像你一样的机器人挂了。你可得注意身体。"

随着我的幸福之道被学员了解，很多企业机构邀请我去做讲座和培训。一次给某大企业做培训，结束后，几位前辈围住了我，其中一位领导模样的人说："高老师，你是不是单身还没成家，一个人在北京打拼啊？"我回答说："我有家庭和女儿。"心想，这跟时间管理有什么关联？

"那你天天如此充实，你又如何与你的家人、女儿沟通情感？"他对我说，"你说的那些时间管理、规划和记录方法只适合单身的人。我们这样有家庭、上有老下有小的人没法规划啊。计划是可以很完美，可今天家里孩子学校出了事，明天老婆工作不顺闹了情绪，后天老人生病得陪护，计划就泡汤了。你还是太年轻了。"

他表现出一副"早已洞穿一切"的过来人风范和几个同事匆匆离去，没给我解释的机会。

☀ 高老师的幸福解析 + 幸福之道

当时我想对他说的话是：按照这个逻辑去想，那婚姻不仅仅是爱情的坟墓，还是事业的坟墓？这个黑锅婚姻和家庭不背，这种思维也不是真正优秀的人面对这些情况时应有的反应。

但是，从另一个角度说，这些生活中最常见、最磨人的问题很多人会遇到——当你的时间并不完全属于自己的时候，怎么办？

专注于自己的世界和关注身边人的需求似乎是个悖论，没有人的时间真的完全属于自己，就算一个孤儿，生活中也会有朋友、同事，有各种社会关系的连接，我们无法想象一个人和这世界毫无关系。

几年前，刚开始传授幸福之道时，我的家人也出现过不理解的情况。我反思，自己的问题出在哪里？会不会因为过度的时间管理导致与他人尤其是家人的沟通和社交出了问题？其实，一个人不会因为过度的时间管理而显得像机器人，更不会因此没朋友。出状况的原因是不了解全部，片面执行了一

图53　如何专注于自己与关注身边人

两个规则。

人际关系的疏离，大多源于三个原因：

一是规划时，没考虑到自己角色目标的多重性，没给不同角色安排目标，显得生活过度单一。

二是执行时，没学会接受不确定性，对时间本身过分关注，不是关注事情的效果，没有结果导向。

三是时间记录时，没把美好的瞬间和他人分享，把自己和世界隔离了。

对于这三个原因，我制定出以下三个解决方案。

第一，规划时考虑多重目标角色。

用角色目标法，先分清自己扮演的所有角色。

从小到大的教育体系，老师告诉我们，考好试就行，别的什么都不用管；家长告诉我们，考上好大学就行，别的什么都不用管。这种单一的价值观让人在忙碌时像激起了斗志的公牛，眼前只有那面红旗子，觉得自己只做好一件事，其他事都能迎刃而解。

确实要在某个领域有明确的目标，但这并不等于生命中所有事只为这个单一目标服务。如果在执行目标时忽略了生活里需要扮演的不同角色，被人说是过分管理再正常不过了。

尝试给自己画个雷达图，看能否全面达成各维度任务。把几个重要目标如进修（学习一项新技能，通过某个考试）、工作（完成销售业绩、升职）、爱情（陪伴爱人去做哪些事）、亲情（和家人去海外旅行、给父母换房子）等画在雷达图的五个角，当时间覆盖的某个区域过于狭窄时，证明制定目标时过于单一了，要作出调整。

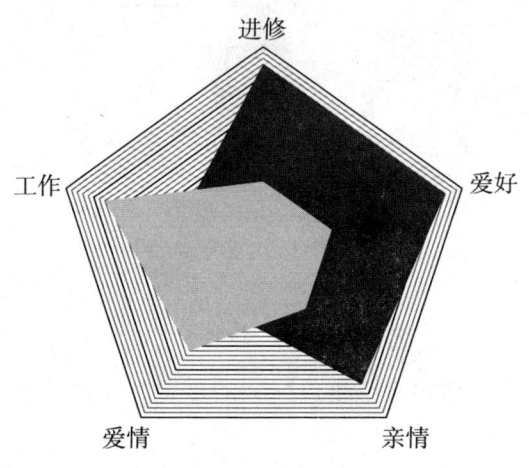

图54　多重目标雷达图

第二，执行时给予身边人温暖回应。

定好多元化目标之后，在执行期间，属于亲人和朋友的时间要保证。即使眼前有一项重要且紧急的工作，亲人有需要，也要尽量沟通，别给他们脸色，用一句"忙着呢，没空陪你"来打发。

我的女儿上幼儿园后，曾经诉苦说："哪有你这样当妈妈的，我们都住在一个家里，我却常常好几天见不到你。"那一阵，她连续3次要我跟她一起吃晚饭，刚好是我最忙的时候，不能陪她，女儿心里委屈不平衡是难免的。在她说了第4次之后，我才后知后觉，改变了自己的时间规划，留出时间陪她。

这让我感受到，不是所有人都和自己一样热衷于时间管理，在被他人需要时要给予温暖的回应。这一点，我认识的人中做得最好的是我的一位朋友。

在日复一日繁忙、紧密的行程下，不断有人来找他帮忙，他依然和蔼可亲，就算婉拒，也会让对方心服口服。他会告诉对方：我现在实在没时间，但这个事我会尽力处理，你去找某部门的某同事，他会给你在多少个工作日内反馈。

去年朋友带他儿子来北京听讲座，其间我们一起吃饭，他对孩子说："别急啊，稍后的行程中，我带你去故宫，那里风景好，我也会挤出时间陪你。"

无论我们多忙，都要真诚地向家人、朋友把问题说清楚。我们可以把自己的工作日程提前发给亲近的人，像公司同事发彼此的工作表，把各自的空档时间标明。家人和朋友会提前知道你确实有安排，即使他们需要你也能体谅。如果信息不透明，把所有情绪堆积到最后一刻处理，容易上升到情绪层面。

第三，记录美好瞬间，增加共同回忆。

用各种形式记录和分享与亲朋在一起的时间，即使你很忙不能抽出太多时间陪伴他们，有这些回忆也会很开心。

下次对方再生气说"你只顾着工作不陪我，也不管家人"时，你就把那些美好的记忆拿出来，那些照片和纪念品记录了某年某月你们在某处共同度过的难忘时光。回顾时用分享的语气，不是自大地突出"我对你有多好，带你去过那么好的地方，买了那么贵的东西"，而要诚恳——不是不想陪你，上次去那里不是玩得很好吗，我也会在某天继续陪你，希望你能够理解。

最后，我想再给大家提出两个短时间内高效沟通情感的小建议。

建议一：让对方也充实起来。

当身边重要的人觉得我们时间太少时，要让对方也充实起来。比如一对关系好的情侣各自的工作都忙，出差间隙抽出时间见个面，一起听音乐会，一起吃简餐，这样的相处模式没问题。如果一方很忙，天天加班，另一方闲得发慌，则容易有怨言。

之前女儿怪我老不回家陪她，我很内疚。前几年给她报了一个训练营，让她学习，自从有了充实的生活，女儿越来越理解我了。

建议二：记录对方喜好。

交流时记录那些让人心动的瞬间，记录对方喜好。谈话中认真倾听，了解他们特别在乎的某件事、某个东西，试着把那个东西送给对方，不一定多贵，但他们会知道我们的心意。

我最喜欢的一件礼物是女儿在我生日时为我画的一幅画，虽然画得很稚嫩，但那是女儿的心意，又是亲手做的礼物，我非常喜欢。画面是我个人最喜欢的一张照片——幸福的一家人，收到这份礼物时，我的眼泪都流了出来，我最想拥有的就是一个温暖、幸福的家！

03. 绑架你的，从来不是朋友圈

☀ 高老师的幸福解析 + 幸福之道

最近不管遇见谁，聊天时都会说到朋友圈。

一天，一个朋友问我："你还在用朋友圈吗？我停了。"我不明所以地问她："为什么，我用得挺好的啊。"

朋友很无奈地跟我说："现在朋友圈里的消息实在是太乱了，做微商的、要投票的、帮忙点赞的，我突然有种被朋友圈绑架的感觉。我索性就给关闭了。"

朋友说得很有道理，我也收到过很多这样的消息，比如"清清吧，不用回，不要让拉黑你的人占用你的内存""朋友圈第一条帮忙点个赞""26号小朋友，帮忙投一票，谢谢"。再就是漫天的心灵鸡汤如"圈子不同不必强融""生活从来不在朋友圈里"等。

我不知道从什么时候开始，朋友圈变成了让大家又爱又恨的东西。

对此，我却抱有不同的想法。我认为，朋友圈是一种资源，是我们可以查看朋友信息的地方，怎么会变成一种累赘呢？或许，大家讨厌的并不是朋友圈本身，而是朋友圈里的那些无聊的事情，比如投票、求赞等。

下面，我将着重分析一下朋友圈里的这几种现象，告诉你，绑架你的，从来不是朋友圈。

一、关于投票。

我们可以进行这样一个设想，如果今天让帮忙投票的是最好的朋友，想必我们一定会义不容辞。但是，换成那些平时不怎么联系的人呢？那么重点来了，其实我们讨厌的不是投票本身，而是那些平时不联系，一开口就找我们帮忙还觉得理所应当的人。在这件事里，我们反感的是对方这种"只想索取但从不付出"的行为。

不只是投票，还有那些动不动就找我们要红包、三天两头让我们请客的人。这种人不仅存在朋友圈，生活中也不少。我觉得只要我们直截了当地表明自己的想法就行了。比如，事不过三，前两次我可以原谅你、容忍你，但是到了第三次，我一定果断地把你拉黑。

对于这类事情，我的做法是，告诉他我的态度。大多数情况下，只要我说出来，对方清楚我的态度后果，以后就不会再给我发类似的信息。

二、关于微商。

相信每个人的朋友圈里都有做微商的朋友，并且向我们推销产品。对此，我的建议是，如果我们对对方的产品不感兴趣，可以直接沟通说："不好意思，你发的消息我看到了，我会关注你的朋友圈的，如果哪天需要，直接联系你。"

其实，换个角度，从积极的一面看，这些做微商的人也是很努力为生活奋斗的人。我看到有的人从早上五六点就开始发广告，直播自己搬货、卸货，还发一些幽默小视频，可见他们也是很用心地在做一件事情。有时我也会点进去看看，文案内容也很用心。

通常，微商发广告的时间都是朋友圈最活跃的时间，他们要激发看客的兴趣，从而产生点击以及购买行为，这些技巧，都值得我们好好地研究学习。

我的朋友圈里有个很用心做甜品的小姑娘，在朋友中的口碑非常好，产品卖得也是相当不错。她的朋友圈每天只更新两条，第一条是"今日美食推荐"，并配上精心准备的甜品的图片。到下午，她就开直播，向大家展示自己如何做这些甜品。让人看了不仅不反感，反而会被她的专业精神打动。

三、关于自拍。

其实，我是不反对在朋友圈发自拍的。首先，一般朋友圈的自拍照片都经过精心处理，画面都很养眼；其次，愿意发自拍的人一般性格都很开朗、阳光、易相处。我还挺喜欢这样的人。

我有个朋友就很喜欢发自拍，现实生活中，她是一个可爱的姑娘，心思单纯。她发自拍的想法很简单，就是因为"这张照片很好看，我想分享出去"，这种单纯没心机的朋友值得交往。

图55　消除朋友圈的不良信息

我还有个朋友，她对自己的外貌十分没自信，甚至怀疑自己有社交恐惧症，她没办法从内心真正地接纳自己。后来，她出去旅行，第一次在朋友圈发了自己的自拍，这件事对我们来说再平常不过了，但是对她来说，是一次莫大的挑战。我们都为她感到高兴，这是多么大的进步啊。有些进步未必要多么惊天动地，曾经不敢做的事情现在勇敢地去做了，就是成长。

四、如何利用朋友圈提升自己。

说完上面三个朋友圈的现象，不知你有没有想过，我们能不能通过朋友圈提升自己？现在我想认认真真地和大家分享一下这些经验。

第一，朋友圈的标签功能我们可以充分地利用起来。朋友圈里的人一定是形形色色的，有的是亲戚，有的是同学，有的是同事，还有的是出去玩的时候认识的。我们可以把这些人分组，打上标签。这样做有很多好处，首先，我们可以确保信息的准确性，免得出现发错消息的尴尬局面；其次，也不至于时间一长，就忘了对方是谁。

比如，有的朋友圈内容我们不想让家人、亲戚看见，就可以屏蔽掉"亲戚"这一分组；有的私事又不想让领导看见，也可以选择屏蔽这一组人。

第二，我们需要不断结交新朋友。人的一生中会遇到很多人，有假朋友，也有真朋友，就算曾经关系再好的同学，大学毕业，天各一方，联系少了，感情自然就淡了，这种现象非常正常。我们的生命中一定会出现不少这样的"过客"，随着成长，我们会认识更多志同道合的朋友，这些人才是朋友圈的主力军。

现在，我朋友圈的分布大概是这样的，百分之四十是我的同学、亲戚、同事、朋友等；百分之三十是我的学员、粉丝；还有百分之三十是通过一些社交活动认识的"大神级"的人物。

我的朋友圈里还有许多让我十分敬佩的导师。他们每天都很忙碌，基本上不怎么发朋友圈，但是抽空进去看看，总会发现他们努力的痕迹。比方说，今天去参加了某个颁奖典礼；明天约了学员谈事情等。看看他们的朋友圈就会激发我的斗志，每当我想放弃、开始松懈的时候，想想他们比我成功还比我努力，我就瞬间满血复活，全身心投入工作中。

如果你问我这些年培训最大的收获是什么，其中最重要的一点就是，我通过培训认识了这些出色的人。我们想成为什么样的人就要去结交什么样的人。

第三，我想告诉大家，与其后来花时间清理微信通讯录，不如当初在添加朋友时就谨慎为之。我现在做培训，在培训的过程中一定会认识很多学员，但这不代表我一定要添加他们的微信。我认为，成为微信好友的必要条件，就是日后还有联系的必要，不然还有什么意义呢？

我不会主动要求学员加我个人微信，我有一个工作QQ，让他们有问题就在QQ上问我，如果我不在线，留言我也能看见。除非遇到特别投缘的学员，以后会继续联系，我才会加微信。

总之，任何事情都没有那么绝对。绑架你的，绝对不是朋友圈。

04. 人脉要先整理后运用，通过6个人可以认识任何人

高老师的幸福解析

无论从事什么工作，都需要建立自己的人际交往圈。当然，最好不要漫

无边际地建立无数关系，这样会因为应付复杂的关系而叫苦连天。我们需要先整理后运用，就是先挑选出合适的人，然后再根据自己的需要，列出哪些人是最重要的，哪些人是比较重要的，哪些人是次要的，然后区别对待。

为什么要对人脉进行选择性整理呢？

俗话说："近朱者赤，近墨者黑。"跟什么样的人在一起，决定了我们最终会成为什么样的人。因此，如果周围都是吃喝玩乐、无所事事的人，那么我们也会变成这样的人；就算自己再优秀，时间长了，也可能被周围的"歪风邪气"传染，最后也成为无所事事的人。

所以，我们不要整天想着要成为什么样的人，不妨先多交往一些优秀的人，多向他们学习。如果我们原本很平庸，但是周围都是积极向上、努力奋斗的人，时间一长，他们的一言一行无不激励着我们前进，迟早我们也会成为他们那样优秀的人。

因此，进行人脉整理的时候，要和消极的人保持距离，并且尽量有意识地避开那些我们反感的人。同时，要多挑选优秀的、积极的、成功的人，他们的优秀会潜移默化地影响我们，激起我们奋斗的决心。同时，他们会教你智慧、经验、技术等，使你更高效、更成功。

诊断的方法很简单，问自己下面几个问题就行了，我就是经常这样做的。

1. 在绝大多数时间里，我经常会选择和什么样的人在一起？
2. 我所选择的人对我做了些什么？他们对我的人生是否有意义？
3. 与他们的交往适合我吗？他们对我的影响是正面的还是负面的？
4. 现在的交往对于我的事业和人生目标的达成有积极的推动作用吗？

得到答案以后，我们就会明白现在的人脉资源是正面的还是负面的了。记住，真正的人脉没必要包括那些阻碍前进脚步的人，我们也千万不能欺骗自己，如果我们已经受负面影响所害，那么就要更加关注自己已经成了什么样的人，或者说我们正在变成什么样的人，进而才能"扔掉"那些支配和影响我们的负面资源。

和生活多彩的人多来往，我们会学会如何享受生活；和喜爱运动的人多来往，我们会学会如何爱惜自己的身体；和事业成功的人多来往，我们会学会如何在职场上披荆斩棘……三百六十行,行行都有佼佼者,我们的人脉网中需要多累积这样的资源,这才是人生宝贵的财富。

不知从什么时候开始,一大批"商学院""企业家班""MBA 班"涌起,高昂的学费让普通人望而却步,但是仍然有不少企业老板趋之若鹜,积极地参与这些培训班。其实,他们最重要的目的并不是学会商业知识,而是为了扩大自己的人脉,结识新的朋友,互相交流心得。一位企业家大方地说:"我来到这里,可以和全国各地的商业精英切磋经验,分享彼此的经历,这是一种特别好的思想交流方式,这其中的收获是花多少钱都买不到的。"

我曾在一个关于克林顿的报道中看到这样一个小故事,受益匪浅,在这里我把它分享给大家。

克林顿受邀出席哈佛大学的毕业典礼,他在毕业典礼的演讲中说道:"和积极的人在一起,你不会消沉。"他接着说:"起初,我是一名学萨克斯管的音乐生,在我 17 岁那年,我遇到了肯尼迪总统,后来我决定要当美国总统。假如我当初遇到的是猫王,也许今天我就是一个明星了。"

与比自己优秀的人在一起,这并不是太难的事情。我们不妨将所在城市的成功人士详细地列出来,然后筛选那些可能会对我们事业有所帮助的人,之后每星期去试着结交一位这样的人。这样的整理工作或许会有些烦琐,但不久你会惊奇地发现,我们做事变得更高效,人生有所改变了。

不管处在职业生涯的哪个阶段,建立和整理人脉是宜早不宜迟的事。记住,我们认识谁,比我们是谁更重要,成功的捷径之一就是与成功者为伍。学历、金钱、背景、机会等,也许这一切我们现在还没有,但是不要紧,只要我们拥有掌握这些资源的朋友就行了,一切慢慢都会有的。加油吧!

高老师的幸福之道

人脉要先整理后运用,要多与优秀的、积极的、成功的人士在一起。

看到这里你也许会说,自己只不过是一个默默无闻的人,人家可能出则宝马、奔驰,入则酒店、别墅,连打个照面的机会都很难碰上。不要灰心,尽管看起来我们与这些"大人物"之间相隔"十万八千里",但只要善于对现在拥有的人脉进行整理,这个距离并非遥不可及。

地球上的所有人,从某种意义上来说都可以通过个人的关系网联系起来——任意两个人之间的最短距离都不超过6个人。

看到这里,你是不是会惊呼——这个世界原来这么小!这也就意味着,那些优秀的、积极的、成功的人士虽然离我们很远,但只要我们努力搭建"关系网",他们每个人其实都有可能成为我们的朋友,甚至知己。

因此,不要害怕"大人物",不要觉得"大人物"高高在上就自卑,千万不要妄自菲薄,其实我们跟他们的距离并不遥远。当然,"6个人"不过是一个科学统计上的平均数,实际上需要多少人,不是绝对的,也许是3个人,也许是4个人,只要我们坚持不懈、努力地去寻找,把整理人脉当成一份工作认真对待,那么"贵人"就不再遥远了。

具体怎么做,你可以参考以下方法。

第一,积极地寻找"中间人"。

人际关系就像一团毛线,不整理就会越来越乱。我们要时常整理一下手上的人脉资源,看看这些成功人士能不能相互联系起来。实际上,这些大人物都有自己的医生、律师,甚至常去的餐厅、喜欢的品牌,也有宣传、公关人员或者健身教练等。我们不妨先认识他们身边的人,让他们帮忙联系,时间长了,再请他们帮我们安排第一次见面。

第二,了解对方的资料。

俗话说"知己知彼才能百战百胜",如果我们想结识梦寐以求的人,就要搜集对方的资料,如他的出生地、过去的生活经历、现在的地位状况、家庭成员、个人兴趣爱好、性格特点、处世风格、最主要的成就、将来的发展潜力等。总之,只要是有关对方的资料,能搜集到的就尽力去搜集,多多益善。

有了详细、全面的资料,一切就变得容易多了。得知一个人对自己如此用心,这是令人感动的,在日后和他交谈时,这难道还不能引起他的注意吗?

我们身边从来不缺"贵人",而是缺少一双发现"贵人"的眼睛。擦亮双眼,去发现身边的贵人吧,整理人脉,运用人脉,才能让自己更优秀。

05. 人际交往规则：保持你的人际距离

高老师的幸福解析

我们常说，做人要懂得分寸。什么叫分寸，就是要把握人际交往的尺度。在此，我想问大家一个问题：如果你正在参加一个活动，会场一共有一排十个依次排列的座位，你进场时，第五排和第十排已经有人了，你跟他们都不认识，你会选择哪个座位呢？你会选择第七、第八排，或者第二、第三排，对吗？因为你不会跟一个陌生人离得很近，又不会离人群太远。

多数人的选择是这样的，否则相互间会有别扭的感觉，这是心理学家通过实验所发现的一种现象。

为什么会出现这种现象呢？

因为我们每个人都有自己的"舒适空间"，这是人的本能，谁都不例外。当有外人进入这个"舒适空间"，我们就会不安，感到有些不适应，严重的还会发怒。当内心的平衡被打破，我们还会轻松自然地跟大家交流吗？答案是否定的。

我有一个朋友是某美容产品的代理，为了给自己拉来更多的生意，她几乎每天都忙于参加各种社交宴会，竭尽所能地接近别人。只要知道哪位亲朋好友有困难，她就会主动去帮助对方，即便有时候对方百般推辞，她仍会表现得十分热心。

比如，一个平时偶尔交往的大学朋友婚前意外怀孕了，朋友得知后比当事人还着急，不停地询问"你到底打算怎么办"，还主动帮对方联系医院；邻居和丈夫正在闹离婚，朋友每天下班后就前往对方家中劝解……

朋友这样做本是好意，却使人感到不舒服，最终许多人再也不敢与她来往，有什么事情也不敢轻易让她知道。一年下来，她的朋友越来越少，生意也并没有多大改观，一度停滞不前。

我曾经多次提醒这个朋友说："就算你们关系再好，也要保持距离。"我们在人际交往中，很容易忽视这一点。我们和对方是否亲近、友好，常常取决于我们跟对方在一起时空间距离的远近。但是，距离产生美，想让人际交往更畅快，就要保持一定的距离，只有这样人脉才会更广阔，事业才会更成功。

比如，如果我们是单位领导，无论和下属的私人关系多好，也要与下属保持1米左右的社交距离。不要总认为距离近一点有助于彼此关系和谐，如果与下属有过于亲密的私人交往，彼此没有距离感和空间感，就很难产生个人的权威性，如此也就很难有效地领导、管理别人了。

情景再现

在我成为培训师和心灵教练之后，我有了自己的团队。我跟团队里的成员一直保持着良好的情感交往，但我不是盲目地"温情脉脉"，而是保持一定的距离。我的座右铭就是："保持一定的距离。"在工作之余，我很少邀请同事到家中做客，偶尔会接受他们的邀请。但他们找我办事，我会用心及时处理。

我对这种距离感的良好把握，使得同事们都认为我是一个合格的领导人，所以我的威望非常高。工作上我们真正做到了令行禁止，最终各项工作得以"芝麻开花节节高"。

所以，关于人际交往的幸福之道，我的理念就是：不要以为与人交往越亲密越好，整理一下我们的关系网，分析一下谁是我们可以挽臂执手、促膝谈心的人，谁是我们可以亲切握手、友好交谈的人，然后保持一定的距离。不论是哪一种人际关系，只要把握好这种距离，拿捏好其中的分寸，我们的人际关系才会发展得更好。

高老师的幸福之道

那么，如何把握好人际交往的距离呢？

"刺猬效应"大家知道吗？两只刺猬由于寒冷而拥抱在一起，可各自身上都长着刺，刺得对方不舒服。于是它们离开一段距离，但又冷得受不了，于是又凑到一起。几经折腾，两只刺猬终于找到了一个合适的距离，既互相获得对方的温暖，又不会被对方刺痛。

这才是人与人交往的真谛。我们要懂得调节距离，就像烤火，距离远了会冷，距离近了又会被烧伤，距离很重要。距离的把握也是有技巧的，简单来说，我们和对方是什么关系就和对方保持什么样的距离。

第一，亲密距离。

两个人容易发生肢体接触的距离叫作"亲密距离"，这个距离在15~45厘米之间。这个距离能清楚地看到对方的神情，甚至可以相互依偎，十分亲密。这种距离一般适合情侣、家人、夫妻或者好朋友之间的交流，只有最亲近的人才不会感到不适。

第二，个人距离。

"个人距离"比"亲密距离"稍微远一点，在45厘米至1米之间，刚好能让大家亲切握手、友好交谈，但又不至于太压迫。通常熟人之间会用这种距离。任何人都可以自由地进入这个空间。但是，假如是一个完全陌生的人进入我们的"个人距离"，那就十分冒犯了。

第三，社交距离。

"社交距离"就灵活多了，近的在1米左右，远达3米以上，这是社交性或礼节上的较正式关系的体现，一般聚会、工作场所使用较多，或者是在和自己关系不大的人际交往上。比如面试场合、企业与企业之间的谈判等，这种距离让场合看起来比较庄重、严肃。

第四，公众距离。

"公众距离"就更远了，这是人们在公共场合的正常距离。比如在公园散步、晨练、路上行走、等人等。我们可以对这个空间里的其他人视而不见，因为我们之间不会有联系。当我们想要和别人沟通时，会下意识地缩短两个人之间的距离。

06. 别人帮是情分，不帮是本分

📎 **情景再现**

一次，在课间休息的时候，一位学员双眉紧锁来到我身旁，向我讲述她正面临的困境——她目前所在的公司经营效益不佳正全线裁员，在此之前她从没想过公司会倒闭。

"高老师，你说如果失业了，我去做什么呢？"

"你可以结合自己的工作经历和专业，去寻找同行业的同类职位啊。"

"可是，高老师，我目前从事的文职工作没有什么技术含量，刚毕业的学生都可以做。"

她一脸惶恐、无助地看着我，我耐心地告诉她："如果你实在没有什么技能特长的话，建议你先不要急着就业，可以先花时间充充电，提高自身技能后再去应聘新工作。"

她一听我要她学习，急得直摇头："不行，老师，我现在学不进去新东西了，我大学毕业有5年了，现在成家了孩子也有了，实在是没有时间学习，再说我也不想有很大的发展，只想找个离家近的地方上班，打发一下时间。"

"那如果是这样的话，你只需关注你家附近的工作，你又不在意工资待遇，只要工作时间合适就行了。"

她告诉我她在家附近找了好几份工作，不是商店店员就是销售员，她说自己的性格不适合做这些。

面对既不愿学习又没有扎实的职业技能、消极懒散还挑三拣四的年轻学员，我一时语塞，不知道自己该如何帮助她。

于是我打算换一个思路。

"如果你家里经济条件允许的话，建议你可以选择做全职太太。打发时间

第10章
你需要意识的——相处的艺术，让人际关系提升你的幸福感

方面好说啊，你可以自费去参加一些社会活动或者去上一些兴趣培训班。"

她对我这个建议也全盘否定，说自己不喜欢参加陌生人的活动，也不愿花这笔钱。她只喜欢跟熟悉的朋友玩，但朋友们都在上班，这种没有工作、没有朋友的生活她不能接受。

说到这里，我实在想不出还有什么办法可以帮到她，只好向她表示抱歉。

"哎呀，没想到失业了这么麻烦，那算了，等到我失业那天再说吧。"最后，她向我说道。

望着她离去的背影，我突然觉得，如果我能整理出关于请人帮忙时的一些关键点，或许对大多数人会有些用处。

☀ 高老师的幸福之道

请人帮忙是一个人际交往的相处之道。

在生活中，我们总会有需要别人帮忙的时候，即使能力再强有时也会需要他人的协助。所以，对于如何请人帮助，我们必须懂得一些关键点，这样才能请对人，并且能够真正帮助我们。

第一，找谁帮忙。

在生活中，我经常看到有的人一遇到困难，总是一副病急乱投医的样子，不是跑到微信群里求帮忙，就是直接发朋友圈求助，然而结果却像大海捞针一样渺茫。对于找人帮忙，我建议大家要找到具体的人，如果可以，最好找专业人士帮忙。

前段时间，微信公众平台出台了一个保护原创的政策，对于这项政策实施的经济效益、法律效果以及政策背景，我有很多疑问，因此，我急需一位帮我答疑解惑的人。这时，我没有选择发朋友圈进行泛泛的观点求证，而是想到了我的一位律师朋友。我在微信上私信他并表达了我的疑问，希望他在有空的时候能够回复我。几天后，他给了我非常专业的意见，让我受益匪浅。

请人帮忙最好的方式就是点对点地发送求助信息，如果我们点对面散布

图 56　找企业的人帮助

寻求，无法确保可以帮助我们的人一定会看到我们的需求。即便看见了也未必重视，只有他收到我们向他发出的确定求助后，才会明确给予回应。

第二，别人凭什么要帮你。

当我们向他人求助的时候，多半是因为我们在某方面知识匮乏，或对某方面的技能和常识了解不够和认识不深。我们请他人帮忙，就是在无偿索取他人的经验、知识、技能、眼界、胆识等精神财富。

他人就算是点拨一二都会让我们醍醐灌顶，因为这是他人蓄积多年的智慧和经验。所以，我们向他人求助，一定要想到他人分享给我们的知识和经验都是他花掉了大量时间、精力和心血才得来的。

都说朋友相交要注重对等性，当他人向我们提供精神财富时，如果我们无法给他人提供对等的价值，必要的时候我们可以以物质财富予以回报。比如可以请他人吃饭或者赠送合适的礼物等。

我个人对这种模式非常认可。这样，我在请别人帮忙的时候也会心安理得很多。

掌握这一点的关键在于，不要等事情办成了再给别人礼物或者请别人吃饭，这种不见兔子不撒鹰的求助太过于功利。如果这件事情需要对方花费很大的气力来完成，我们一定要提前赠送礼物、请吃饭，因为对方没有无偿帮助我们的义务。

我刚开始做公众号的时候，需要设计一个图标。我找到了以前认识的一个学设计的同事，当时他回复说最近工作很忙，但我说不着急，你什么时候有空就帮我做并马上给他发了一个微信红包，同事看我这么诚心地求助于他，连夜加班帮我完成了图样设计。

第三，期望不要太高。

有句俗话说得好：别人帮你是情分，不帮你是本分。也就是说，有时候我们即使投入了少量的金钱，也不一定就能获得我们想要的结果。因为他人怎么帮、帮到何种程度取决于他的付出及能力大小。他既然为我们费心了，我们就需要心怀感谢，如果他为我们费神达到了我们想要的效果，我们更要铭记于心。

第四，有思路再去求助。

在向他人求助前，我们自己先要厘清思路，有的放矢的询问会让我们收到事半功倍的效果。如果有具体的问题、有自己的合理方案和分析，那么对方给我们一两句话的点拨就能让我们茅塞顿开。

换句话说，我们向其他人尤其是权威人士提出的问题要尽量是选择题而不是简答题，我们只是请他们来纠正我们的观点和看法。

就像我开头说的这位年轻学员一样，她对自己的未来没有任何清晰的规划，就算是再专业的老师也无法帮助她。结果便是求助的过程收效甚微。

第五，常来常往，提升自我，共同进步。

最不招人喜欢的朋友就是有事时才会想起我们的人。如果不想被朋友拉黑，就要懂得友情是需要维系的，记得常常与朋友们保持联系和往来。这样当我们向他们求助时，才不至于贸然和唐突，才不会给他人造成困扰。

说到这里，我不得不提一下现在很多人由于自身的胆小自卑，与优秀人士、专业人士保持着较远的距离，总觉得他们高高在上，与自己不是同一层次。其实，保持一颗平常心，平等地与他们交往，在沟通交流的过程中，我们自己会得到无形的提升，也会因为自己的闪光点和人格魅力得到他人的喜欢。

记得一位导师曾和我说过这么一句话,让我颇受触动:"世界上哪有那么多人可以依靠?即便别人想帮你,也要知道你的手在哪儿啊!"

说到底,我们要想交到有价值的朋友,就需要具备进入这种圈子的实力。只有这样,当我们需要帮助时,才能得到高人的指点。只有提升自我,向他人分享我们的价值和观念,才能实现双赢。

第 11 章

你需要努力的——做踮起脚尖能够得着的规划，够得着的幸福才是你的

人痛苦的根源往往来源于"求而不得"。我们的能力有限，却要追求能力之外的东西，自然常常会失败。我提倡积极的"折腾"，而不是做自己无法做得到的事，追求够不着的东西。人生一世，需要做踮起脚尖能够得着的规划，因为，够得着的幸福才是你的。

第11章
你需要努力的——做踮起脚尖能够得着的规划，够得着的幸福才是你的

01. 下一个五年你的生活会是什么样

🏠 开篇小谈

向往和追求幸福，或许是每个人终其一生的目标，无论是一处理想的住所、一个知心的爱人、一个出色的孩子亦或是打造一份百年基业流芳百世……不管是什么，总体来说，至少我们有让自己幸福的目标，这是值得庆幸的。

我最怕看到的是，一直在寻找幸福，却不知道自己想要什么、有什么样的目标。于是，我们追求幸福，却始终得不到幸福，因为我们根本就不知道自己的幸福在哪里。

📎 情景再现

我的朋友小蔓有个对她体贴入微的丈夫，家庭经济条件也不错。可她总是找我借钱，刚开始时她表现得很不好意思，由于我们认识多年，我没问缘由就借了。数次后，我好奇经济条件不错的她为何如此缺钱。

她告诉我的理由很多，无非是打牌输了不敢跟丈夫说，把钱投向股市结果亏得一塌糊涂等。

有一次，她跟我说她要去河北廊坊投资房地产，因为有人告诉她，那里将要开通地铁，房价很快会大涨。于是她跟着房地产公司前往廊坊实地考察，在那个看起来有点荒凉、一个业主也没有的小区里，她心里虽然也极不踏实，但最后还是经不住房地产公司花言巧语的诱惑，当场付了款。待她从那里回来后，在网上查资料才发现，那个小区的房子有价无市，根本无人接盘。

最后一次借钱给她时,我对她说:"你有没有想过5年以后的生活,你的目标是什么?如果你把我借给你的钱用在学习或其他积极的事上,你的生活会不会有所改变?"听完我的话,她很快地摇摇头:"5年那么遥远,以后的事谁也说不准,目标只是一个梦想而已。我现在年龄大了,也没精力学习,至于工作,我也没打算换,我也不会别的。"

听完小蔓的回答,我摇了摇头,没有再说下去,因为我知道,多说无益。

如今,5年过去了,小蔓仍然还在到处借钱,只是她不再找我借钱,因为我明确地告诉她,我不会再借钱给她。

☀ 高老师的幸福解析

对于小蔓来说,5年的时间,最可悲的不是欠了债,而是对未来的迷茫,毫无幸福感可言。

对于未来,我们的目标可以很小,小到要去某个喜欢的餐厅大吃一顿;也可以很大,大到去全世界看看。但不管怎样,我们都要有自己的目标,那会让我们感觉生活有奔头。

对于这一点,我的"幸福之道"理念是:把5年作为一个时间点来规划我们的人生。

看到这里,你可以和我一起停下来,思考一下接下来的5年我们要如何度过?有什么样的目标要实现?想过什么样的生活?

5年前,也就是2012年,那时的我是一个咨询师。那一年,我给自己定的目标是走出去。在事业上,我要走向全国,不仅仅在几十人几百人的课堂上传授我的幸福之道理念,还要影响更多的人,通过自我维护和心灵修炼两项技能让他人的人生更幸福;在生活上,我要走出去,我想带着女儿去看看外面的世界,认识更多优秀的人。

如今,已是2017年,刚好5年。我成为了自我维护、财丁两旺、心想事成的实践教练,进行过近千场培训,受益人数过万,每年近200场培训,受到学员一致好评。同时,在这5年里,我去过很多地方:沈阳、太原、内蒙古等,结识了许多优秀的朋友……

现在,回忆这5年的生活,我感觉到我的每一天都无比幸福,因为有目标指引着我前进。

对于大多数人而言,每天工作的环境是固定的,常年在同一个公司做着同样的工作,日程安排也是固定的,朝九晚五的上班时间已成定式,晚上,当我们拖着疲惫的身体回到家时,吃晚饭、坐一坐已经9点钟,人的惰性让我们不想做任何事情;朋友和同事也是固定的,每天都在一成不变的交际圈。

图57　固定的生活模式

在这样固定的生活中,我们要想与众不同,成为那个独一无二的自己要怎么做呢?

我的答案就是:为了目标而奋进。

所以,对于未来的生活,我们需要做的就是想清楚自己想要什么、有什么样的目标。当人生有了方向,我们就会心之所依、行之所向,幸福才会有着落。

高老师的幸福之道

幸福就是,当我们为自己设定一个目标后,在向目标努力前进的时候感觉到快乐,实现目标的时候也感觉快乐。

看到这里,很多读者肯定会问:高老师,我们如何找到那个能为之奋斗5

年甚至一生的长远目标呢？以下是我给自己制定目标时使用的方法，希望能为你的下一个5年提供幸福的路径。

第一，走出去，感受不一样的生活，重新认识生命的意义。

不要拘泥于现在和周围的环境，要勇于改变。站在2层楼和20层楼看到的东西是不一样的，我们要勇于跳出自己的圈子，去接触不同的人群，感受不一样的生活，这些超越生活轨迹的内容会给我们的人生带来新的启示。

如今，很多家长都努力创造条件让自己的孩子多去看看外面的世界，开阔他们的视野，提高他们的人生境界，使他们可以拥有更高的人生追求。这种做法是值得鼓励的，也是我非常赞同的。

我很多新的想法和规划，都受益于出去看世界，有机会向更多的人学习和传授幸福之道。所谓温水煮青蛙，舒适的生活会扼杀一个人的战斗力和创造力。而生活圈之外的大世界会带给我们巨大的冲击，所以才会有读万卷书、行万里路一说。

大千世界，无奇不有，精彩纷呈，我们会重新认识生命的意义、重新设定生活的目标、重新定义优秀的标准，这个过程会让我们奋斗的方向更明确，有助于实现更大的梦想。

第二，憧憬梦想实现的场景，助力目标达成。

金榜题名时、洞房花烛夜，这些词汇都容易让我们瞬间置身于幸福中，或感到幸福即将来临，也会让我们在实现目标的过程中充满斗志和动力。

当我们设定了人生的目标，就要擅于寻找最适合自己的憧憬方式，比如场景构造，如果你偏重图片思维，善用思维导图，建议画下心中期待的场景；如果你擅长文字宣泄，那就写下来，在洋洋洒洒的文字中感受目标的美好。当这些场景在你的脑海及书面上呈现出来，你就已经给自己找到了一个真实的近在眼前的目标。

这种对梦想的憧憬会在最艰难的时刻激励你。

第三，定好5年的目标后，保持一个正能量的积极状态。

当我们制定5年的目标后，不要去想过程的艰难和失败的后果。如果我们一开始在潜意识里就往消极的一面靠拢，思考实现目标如何困难，这样会导致产生自我怀疑，认为自己定下的目标就是一个白日梦。于是，我们又回到了原点，继续"混"日子。

定好5年的目标后，我们需要做的就是保持一个正能量的积极状态，以目标为导向，合理安排好每一天的学习、工作和生活。每天进步一点点，累积进步一大步。当我们的时间没有虚度，当每一天都卓有成效，我们就会走在别人的前面，离目标就会越来越近。

02. 人生没有设计，你离挨饿只有三天

高老师的幸福解析

经常有粉丝给我发私信，但内容都大同小异，总结起来，无非是下面几件事：

"我后悔了，我不该来北京的，也许当初和男朋友一起去深圳，现在一切都会不一样。"

"如果再给我一次机会，我面试的时候一定不会说那句话的。"

"高老师，我很迷茫，我到底该不该回老家接受爸妈的安排？"

……

说实话，对于这些私信，我真不知道该如何回答。

新东方的创始人之一徐小平曾经说过这样一句话："人生没有设计，你离挨饿只有三天。"我非常喜欢这句话，所以把它拿来当作标题。这句话虽然乍听起来有些夸张，但在竞争激烈的当今社会，做好"人生计划"已经是毋庸置疑的幸福之道了。

令人遗憾的是，大部分人没有按照自己的意愿生活。说到这里，我想起了哈佛大学的一个心理实验。

在20世纪中期，哈佛大学著名的社会学教授对即将毕业的1000名学生做了一个访谈，问题很简单："你对自己未来的人生有什么规划？"

访谈结果是，只有不到百分之四的学生对自己人生有清晰的规划，大约还有百分之十六的学生虽然有规划，但是目标不是很明确。

30年后，这位教授又访问了当初的这些学生，除了35名学生由于特殊原因联系不上，剩下的学生都取得了联系，教授通过对他们的健康、家庭、事业、情感、财务等多项指标的统计，发现一个很有趣也很惊人的结果。

实验结果表明，有清晰规划的那百分之四的学生，以上各项指标的分数都是最高的。他们不仅身体健康、家庭美满、事业成功，更令人羡慕的是，他们财务自由。

而百分之十六的那些人，成为各个行业里的专业人士，虽然薪水很高，但是其他方面多少都有些不如人意，最大的特征就是身心疲惫。

在这个实验中，所占人数比例最大的是那些没有任何规划的人，这些人有百分之八十。这些人一般在工作几年之后，有些存款了就不想再努力。因此，他们大多数都是平凡的公司职员，没什么超凡的成就，甚至还有人靠政府的救济过日子。

可见，就算是哈佛大学毕业的高才生，也不见得人人都能成功。相信每一个人都想成为那百分之四的幸福的人，那我们有跟他们一样清晰的人生规划吗？

所以，我想告诉大家的是：这个社会很残酷，没有计划的人往往被规划掉，而用心规划的人生才更容易幸福。

高老师的幸福之道

想挣1000万和想挣1个亿的人，他们赚钱和花钱的方式一定不一样；想攻读更高学位的人和大学一毕业就想踏入职场的人，在学习的质量上肯定有所差别。这个差距就是我们是否对人生有计划。当我们有了计划，才会按照自己设计的路踏实、一步一个脚印地走下去，人生才不会迷茫。

这些制订计划的步骤，也许会帮到你。

第一步：制订年计划。

我们可以把一年的目标写下来，可以当成手机墙纸，也可以用便利贴贴在电脑前，时时刻刻提醒自己去完成目标。

在一年的时间里，一个人会有很大改变。简单地说，我们想在接下来的一年里达到怎样的成就？需要提醒大家的是，我们只需要写下自己想做的事，对于每件事需要完成的时间及数量，不需要写得很清晰。

在培训时，我经常看到许多职场新人在刚参加工作时，上司安排什么就做什么，不为自己制订任何计划，仿佛上班不是为了自己，而是为了上司。过了几年，意识到计划的重要性，于是在制订计划时反复思考，把计划做得非常详细。

有一次，一个年轻学员把他的计划书拿给我看，我发现他在一年里列举了好几个目标，而且都是结婚、买房、买车、升职这样的大目标。他告诉我，每天早上一睁眼，这几个目标就闯进他的脑海里，让他感到压力非常大。一年下来，他的确获得一些小成就，但生活毫无幸福可言。

图58　制订目标计划

所以，我们在制订年计划时可以给自己定下3~5个目标，但对于完成的时间及情况不要写得那么清晰。

比如，2017年我给自己定的计划如下：

出版一本教人如何幸福的书并带去和全国各地的读者见面；

和女儿一起旅行一次。

但在制订这两个计划时，我不会考虑这本书要达到什么样的销量，影响多少人；和女儿去哪里旅行，去几天……

要明白，生活充满了各种可能性，计划赶不上变化，所以我们的目标要随时调整。如果施行的过程中出现了一些小插曲，我们也有时间缓冲。

第二步：制订季度计划。

每个公司都有季度财报，我们也要给自己做一个季度报表。内容可以自己确定，比如体重减少几斤、存款增加多少、和朋友聚会几次、读几本好书等。

比如，我计划和家人一起旅行，当我做好一切行程攻略后，就要开始存钱了，每个季度存多少，都要写进计划里。

如果我们觉得一次性制订四个季度的计划有点太麻烦，那不妨先做第一个季度，先把第一个季度的计划保质保量完成，后面的就轻松多了。

第三步：制订 21 天计划。

人和人之所以有差别，是因为我们的行为习惯不一样。21 天可以养成一个习惯，可以帮我们全面提升素质。21 天计划其实是季度计划的分解版，不喜欢季度计划的读者，不妨试试这个办法。

第四步：制订周计划。

制订周计划相对来说比较简单，制订周计划一定要注意劳逸结合。我们可以按照这个结构来制订计划：读书时间、锻炼时间和社交时间。

步骤一：写下本周必须做的事情，比如会议、聚会、锻炼等。

步骤二：在安排其他工作之前，先把娱乐、聚餐的时间预留出来，以免计划冲突。

步骤三：一定要安排看书学习，提升自己的时间。

步骤四：对那些完全可以 hold 住的工作，安排到余下的时间里。

如果我们是学生，可以规划课余时间。

对于上班族来说，工作时间一般是 8 小时制，下班回到家差不多已经晚上 8 点左右，这时再学习、锻炼，效果一定不好，如果这些计划不是自己真心想做的事情，那么当我们回到家就直接"葛优瘫"了。

制订计划是为了让我们的生活更充实、更有意义，而不是被计划束缚。所以，制订计划的时候要预先留出娱乐时间，比如看电影、K 歌、读书、聚会等。当我们看到这些内容，是不是内心有点小激动呢？

到此为止，关于如何制订计划的方法我都已经告诉你了，读到这篇文章的你，现在可以参与进来，和我一起制订计划，Have a try（试一试）。

03. 那些你不能走的"人生捷径"

高老师的幸福解析

还记得上中学的时候，语文老师跟我们说过这样一句话："人一生下来就是在向死亡线奔跑，终点是一样的，所以把人生过得精彩就更加重要了。"那时我还小，体会不到这句话的深意，随着年龄的增长、阅历的增加，我越来越认可这句话。

作为一个传承幸福之道的导师，我总是希望把自己的经历及如何获得幸福的方法传授给学员及读者，让大家能少走一些弯路，更快地获得幸福。通过几年的培训，我发现，有一些弯路是我们可以少走的，但有一些捷径，是我们不能走的。在这里，我要把这些不能走的人生捷径告诉大家。

我总结出以下七个不能走的"人生捷径"。

不能走的"人生捷径"之一：安于现状，默认并接受命运赋予的一切。

大多数平庸的人都有一个共性，那就是接受命运的安排。我有个朋友就是这样，对生命中发生的所有事都持接受的态度，对上司的不公逆来顺受，对同事的排挤从不反抗，对家人的唠叨从不反驳。看到他每每向我抱怨命运多舛时，我不禁反问他："你一直安于现状，接受命运，又如何改变命运？"听了我的话，他沉默了。

我们的人生有无数种可能性，老板不看重，挑战自己做到不可替代；同事排挤，就证明给他们看自己到底有多优秀；家人整天唠叨，就多跟他们沟通，说出自己的想法。遇到困难就要迎难而上，我们有能力面对最艰巨的挑战,那就不要选择最容易的那条路,有挑战,就有机遇。

因此,去挑战,不要安于现状。每天叫醒我们的是梦想,而不是死气沉沉的闹钟。

不能走的"人生捷径"之二:总是挑选毫不费力的事情去做。

我曾经去爬过千山,当我拉着铁链一步一步地爬到山顶,回头看看走过的路,心里充满成就感。同样,当我们某天回望走过的人生路,我们完成的每件事都是登上山顶最坚固的基石。假如我们因害怕高山,就选择一条平路,那还怎么"会当凌绝顶,一览众山小"呢?

我们遇到的每一次挑战都有非凡的意义,也许能提升我们的人生经验,也许让我们吃一堑长一智。人生是一场修行,假如我们能活到老学到老,每一次穿过荆棘对人生来说都是浓墨重彩的一笔。

因此请记住,想要弹簧跳得更高,就要给它最大的压力,生活也是如此。当我们感到生活十分艰辛时,恭喜你,你正在走上坡路。所以不要被暂时的困难吓倒,保持专注,坚定前行。

不能走的"人生捷径"之三:随波逐流,永远按照别人设定的路线去走。

我年轻的时候,身边总有一群"过来人"用老成的姿态告诉我应该怎么样。每个人都是独一无二的个体,为什么一定要遵照别人的想法?艾伦·金斯伯格的一句话一直鼓励着我:"追随你内心的月光,不要掩藏狂热的一面。"

这个世界不存在两片相同的叶子,也不可能有两个完全相同的人。我们来到这个世界,就是要找寻一条适合自己的路,如果一直被他人的意见左右,那跟木偶有什么区别?

记住,我们拥有感受心头的任何感觉、追随使我们感到快乐的权利。不要跟别人比,也不要被其他人的成就吓到。走自己的路,让别人说去吧,鞋子合不合脚,只有自己知道,永远都不要放弃自己的追求。自己的人生,自己做主。

不能走的"人生捷径"之四:听天由命,不愿意去努力。

我一直告诉学员这样一个事实——努力不一定会成功,但是努力一定会有收获。要明白,最终能够让生活发生质变的,不是三分钟热度,而是我们每天坚持做的事情。因此，不管何时都要好好规划自己的人生，即使这个计划不完善，也比没有目标强。

图59　人生没有捷径可走

谁的人生不迷茫，但是这种迷茫只是暂时的，不要因为偶尔迷路，就长时间困在原地不动，把自己的斗志一点点消磨掉。现在对我们而言最重要的是明白自己想要什么，想过怎样的生活，当我们对某件事情有迫切的渴望时，我们的潜力也会被激发。只要有梦想，全世界都在给我们帮忙。

我们总有老去的那一天，当我们头发花白，坐在公园的长椅上眺望夕阳，是否也会遗憾某件未完成的事情？是否所有回忆都是值得回味的？因此，从现在开始，就把精力放在书写自己的人生上，让未来的自己不会埋怨现在的自己。

不能走的"人生捷径"之五：忽视别人而不是真正原谅他们。

对于伤害，我常常给学员们讲的是原谅他们，不是因为他们需要被原谅，而是因为你需要放过自己，让自己的内心归于平静。有时，有的学员会提出质疑："高老师，您被别人伤害过吗？如果有，您是不是就不会有这样的幸福之道？"

每当此时，我都会微笑着告诉他们，我也是一个平凡人，在我的人生旅途上，我也会被很多人伤害。比如，我的丈夫向我提出离婚时，我是多么痛苦。可最终，我还是原谅了他，并冷静地与他办理了离婚手续。

可以试想一下，如果我不原谅他，那么总是有一块心结郁结在心，我怎么会遇到如今的幸福？所以，忘记曾经伤害过我们的人，是我们给他们最好的答案。

不能走的"人生捷径"之六：患上拖延症。

我们一定有过这样的经历，总爱把事情一拖再拖，上午的工作拖到下午，今天的工作拖到明天。这些我们说"晚点再做"的事情，真的完成了吗？明日复明日，明日何其多，我生待明日，万事成蹉跎。是时候作出改变了。也许刚开始时，我们很不习惯，还是想摸摸手机，刷刷朋友圈。但是，只要下定决心，就一定能战胜拖延症。每天醒来时想想今天要做什么，每天睡前再反省今天有什么事没做好。

未来，我们会发现，人们最终评价一个人所依据的不是我们说过的话，而是我们做过的事。

不能走的"人生捷径"之七：牺牲陪伴你所爱之人的时间。

想想看，我们有多久没有坐下来和爸爸妈妈一起好好吃顿饭了？我们有多久没和孩子一起看动画片、讲故事了？我们有多久没和朋友一起聊聊天了……

现在的生活节奏越来越快，我们每天都很忙碌。忙着上班、忙着应酬、忙着业务、忙着谈恋爱、忙着各种事情，看起来每天被无数的事情填满，可你有没有想过时间到底花在哪儿了？我们真的很充实还是看起来很充实？我们把时间都花在了工作上，还有时间陪家人吗？

我们总觉得某些人存在生活中是理所应当，已经习惯了他们的存在，觉得他们不会离开。也许，今天还跟我们有说有笑的死党，明天就消失在茫茫人海了。所以，适当花些时间和爱我们的人在一起吧，和他们一起说说话、散散步、吃吃饭，多制造些美好的回忆。因为，当我们想念一个人时，浮现在你脑海里的，一定是和那个人一起经历的事情，哪怕只是一次开怀大笑。

高老师的幸福之道

我们从生下来的那刻起，终点就是死亡，所以过程要比终点更加重要。

我们要做的就是让自己的每一天都充实而有意义。对于人生来说，我的幸福之道是：去过我们想要的生活是没有捷径可以走的，我们需要付出时间和精力。

为了让大家不要因寻找捷径而浪费时间，我在本节中已经详细地为大家列出人生不能走的七条捷径，希望大家能够真正谨记在心。

在看这本书的你也许正是豆蔻年华，也许已经经历过大起大落，也许正期待着美好的未来，但是不论你处在人生的哪个阶段，这些捷径，请不要涉足。

04. 若自己放弃，全世界都无能为力

情景再现

人生的轨迹就像是一条抛物线，有高峰也有低谷。处在人生低谷时，我们会焦虑、迷茫，脑海中总有个声音在说："你不行，你根本不是这块料，趁早放弃吧。"

有一次去外地做培训，有个很秀气的女孩走上讲台，讲出了她的困惑。

她先做了自我介绍，说自己在一家小超市做财务。但是让她头疼的是，这家店的账目乱七八糟，出货入货的记录也是七零八落，有的甚至连收据都没有。她开始怀疑是不是自己能力不行，换成是别的资深会计肯定三下五除二就做完了，最后她问我："我到底要不要转行呢？"

我问她："面对目前糟糕的工作状况，你有没有作出些努力？"

女孩说："我跟经理反映过这个单据不全的问题。"

我说："后来呢？你们经理怎么说？"

女孩说："经理跟我说以后一定注意，然后我又跟经理说，要不要安装个专业的财务软件，这样账目就更清晰了，工作效率也会提高。"

我接着说："看来你们经理还是很重视这个问题的，他已经给了你答案。

那你这份工作做了多久?"

女孩说:"大概两个多月吧。"

根据女孩叙述的状况,我觉得她没必要改行。这世界上没有完美的公司,并且女孩以前是做人力资源的,花了很多时间去考会计证,这是她第一份会计工作。假如开端都不顺利,那么以后的职场道路也不会好到哪里去。

更何况,她自己也觉得还没到一定要辞职的地步。根据她的说法,她的经理还是很支持她工作的,只是这位经理由于专业知识不足没办法给她提供实质的帮助。此时,恰恰是她迅速上升的好时机。

我对她说:"你先别着急,现在是你大显身手的时候了,你下个星期上班的时候就确定好自己的工作重点,梳理出账目的漏洞,要解决哪些问题,是要重新制定财务制度还是要更新财务软件,这些都要一件一件地去解决。"

可是女孩的眼神依旧很不确定,她一直跟我确认:"我真的能行吗?"

我突然意识到一个问题,于是问她:"你从小是不是特别听父母的话,然后爸爸妈妈也很少表扬你?"她朝我点了点头。

图60 安排好自己的人生

我明白了,这个女孩子之所以怀疑自己的工作能力,很大一部分原因来自她的成长过程,她的爸爸妈妈太强势了,过多地干涉了她的生活,以至于她缺乏对自己的人生的掌控感。

第11章
你需要努力的——做踮起脚尖能够得着的规划，够得着的幸福才是你的

☀ 高老师的幸福解析 + 幸福之道

对自己的生活缺乏掌控感，会让我们感到迷茫、不知所措，并且不知道该如何改变目前的状况。

针对她的问题，我给出了以下三条建议。

第一，从小事入手，慢慢解决事情，获得成功的体验。

我们身边有很多不够自信的人，不是因为他们能力一般，而是他们成功的体验太少了。恰恰因为如此，他们特别希望能达成一次巨大的目标。越平庸就越渴望成功，这种恶性循环一旦形成，只会一次又一次地让我们体会到挫败的滋味。因此，最现实、最稳妥的一条路，就是由小及大，从我们目前的小事入手，试着坚持下来，并且有始有终。

我建议女孩，让她从看得见的单据入手，就拿收款和付款来说，既然制度不完整，收付款都没有凭证，那就从这里开始，建议经理购买几本收据和付款单，然后组织各部门的管理人员开个会，制定完善的财务制度，严格执行。

如果这位女孩真能听进去我的建议，由小及大，慢慢地把事情解决了，那么她就会非常有成就感，发现自己也并非一无是处。

第二，正视困难，困难能让我们迅速成长。

困难有时候确实会让我们喘不过气来，但这种压力反而让我们更迅速地成长。如果一个人一生总是一帆风顺，还有什么意思呢？如果我的人生一帆风顺，我也就不会站在这里跟大家分享我的故事了，我又何谈对幸福的理解？所以说，正是这种压力推着我不断前进。

第三，培养一份自己的爱好，可以从最简单的运动健身开始。

任何一份工作做久了都会进入疲倦期，因此，我们要及时调整自己的状态。如果不知道该怎么做，不妨先试试健身。

首先，运动对身体有利，不仅能保持优美的体型，还能让大脑时常处于活跃状态。其次，运动能分泌多巴胺，多巴胺能让人变得乐观积极，当我们

的情绪变好后，工作的积极性和效率都会提高。

第四，拒绝人情绑架，亮出自己的原则与底线。

在工作的过程中，难免会触及一些人的利益，很可能会招来闲言闲语，但是只需要坚定地说："规章制度会让我们越来越有效。"

不要因为私人的情绪影响工作，只要你一切以公司的利益为先，老板自然会看在眼里。职场不需要老好人。

听完我的分析，女孩明显轻松多了，解开了心结，情绪明显改善了许多。培训结束后，我要赶去机场，她十分不舍。我送给她一句话："任何时候都不要看轻你自己，千万不要在艰难的时刻放弃自己。"

05. 不在低端的决定上浪费过多的脑力

情景再现

大学毕业在大家都忙于找工作时，我成功地被联邦制药企业录取，成为一名培训师。

没有毕业前，我常常听一些师哥、师姐及参加工作的人说，进入职场第一件事就是要把自己打扮得成熟些。于是，我到学校书店，买了一堆关于搭配的书，研究了一下午白领女性怎么穿。

第二天，我拉着闺密，兴冲冲地跑到商场，用四年兼职攒下来的钱，买了几件像样的职业装。回到寝室，我换上干练的套裙，画了一个淡淡的妆容，盘起头发，完全按照杂志上的模特打扮，照照镜子，还真有点职场女白领的味道。

然而，后来我才得知，恰恰因为我太注重外表了，影响了我转正的成绩。

刚进入联邦制药企业工作时，由于没有工作经验，公司的前辈给我交代工作流程和规章制度时，我却在偷偷瞄我的指甲油有没有涂均匀；每周开例会时，我坐在靠近玻璃的拐角处，刚好可以把玻璃当镜子，看看妆有没有花；

第11章
你需要努力的——做踮起脚尖能够得着的规划，够得着的幸福才是你的

上司叫我迅速到办公室时，我顾着整理自己的仪容仪表，完全把这件事忘在了脑后，以至于耽误了工作安排。

有一次，我们部门主管穿着一件暗红色大衣跟我一起走进电梯，我对她说："周主管，这大衣颜色真漂亮，我昨天刚从杂志上看过，一定是今年的新款吧。"

没想到，她淡淡一笑，说："我不太清楚，我可没时间看那些时尚杂志，这件大衣是我老公给我买的，好多年了，刚好这两天适合穿，我就拿出来穿了。"当时，我特别尴尬，恨不得电梯马上出现黑洞把我吸走。

这跟我想象中的白领生活太不一样了，电视剧里的女白领不都是打扮得漂漂亮亮，踩着十厘米的高跟鞋，在高档写字楼里谈笑风生吗？难道这家企业是个例外？为什么大家都穿得那么普通？

我偷偷地问过公司的前辈，她跟我说："我们这位主管平时工作可忙了，哪有时间化妆打扮啊。她曾经跟我们说，她每天要看大量文件，审核大量账目，她必须要保证自己有足够的精力完成工作，尽量不做这些无谓的事情来分散自己的注意力。"

那段时间，我的工作成绩很不理想，因为我把大量时间都花在了穿衣打扮上，该做的工作没完成。

尽管这段时间很短，却是我人生中最重要的一课。这堂课就是你没有想象中那么备受瞩目。说得更明白点，就是别让这些无足轻重的事情耗用太多的脑力。

职场如战场，对新人而言，更需要专心致志地做好工作，这才是最重要的。比如，扎克伯格对T恤情有独钟，乔布斯每天都穿着黑T恤、牛仔裤。

再后来，工作渐渐有了成就，我认识了很多成功人士。我对其中一位印象非常深刻，他上班的时候永远都是一套灰色西装，平时见他，他就穿一套休闲服。其实，只要你仔细观察周围就会发现，越成功，越低调。

图 61　别让无足轻重的事情耗用太多的脑力

高老师的幸福解析 + 幸福之道

现在很多人都觉得，工作就是为了赚钱，赚钱就是为了"自由"。后来，我发现，"自由"这件事情，跟物质并没有多大关系。甚至，如果不从生活中的琐事中解脱出来，就算有再多的金钱，也不会有自由，更无法集中精力做好每一件事。

因此，我给那些即将就业的学员的第一个建议就是：做好你该做的事，这是本分，砍掉那些无足轻重的事情，选择太多也是一种累赘。

有段时间，我特别在乎自己的外表，上班之前会花大量时间挑选当天穿的衣服，搭配的鞋子以及包。社会的发展让我们的生活越来越丰富，除去每天休息的时间，我们被动地接受着大量广告，我们想要自己的事业蒸蒸日上，就一定要记住这一点，永远不要在低端的决定上浪费过多的脑力。

为了让自己和大家不在低端的决定上浪费过多的脑力，经过这些年的研究和实践，我发现以下几个措施很有效，希望大家可以采纳。

第一，定期清理物品。

把自己那些从没穿过的、花里胡哨的衣服和鞋子处理掉，减少外出购买衣服的频率。我们根本不需要这么多衣服，有一些基本款和适合晚宴、运动等各种场合所穿的衣服即可。

第二，遵从"次级决定"。

所谓"次级决定"，就是把一些我们的决定固定成为习惯，这样做可以减少我们做决定的时间和次数。

比如，我们遵守公司规章制度，每天上班按时打卡，那我们就不会因为上班迟到而被扣工资，这会大大削弱我们内心的不安；我们买衣服去固定的几家店，就省下了在淘宝上挑衣服的时间；夫妻二人遵守婚前的约定，结婚后对对方忠诚，不欺骗对方，那以后就不会因为外在的诱惑伤害双方的感情。

第三，让生活更简单。

比如，当我们选购商品时，不要被"改进版"忽悠，除非我们真的对现在的商品不满意，否则就不要花钱买新的了。

比如，睡觉前就把第二天要穿的衣服准备好，第二天早上就不会烦恼穿什么了，省下时间好好吃个早饭，精神一整天。

比如，每天都在同一个时间段锻炼身体等。

这些改变是非常简单而且高效的，能为我们节省出大量时间，提高我们做事情的效率，这样，我们才能把时间拿去做有意义的事情。